人生いろいろ 問題いろいろ

橋本 勲 著

サンパウロ

まえがき

かつて、尊敬する一人の先輩から、こんな覚醒の言葉を聞かされた記憶があります。ある南の国の、とある町に豪華な門構えの修道院がありました。その門柱には貫禄のある字で「イエス・キリストこそ答えである」と記されていました。ところが、その横に落書きがされていて、「問題は何ですか」と書かれていたというのです。

あなたがたは答えは知っているようだが、この国の問題がなんであるか知ったうえで、答えを出しているのかという、痛烈な抗議であると。

この修道院の裏には荒漠たるスラムが果てしなく広がっている。そのスラムの中で人々はわずかな食べ物のカケラを探してさまよっている。

こんな現実の問題を踏まえたうえで、答え宣言をしているのかと。

叙階五十年、ささやかな司祭生活を営みつつ、この問題提起は折に触れてよみがえり、この司祭の中で、交響曲の主旋律のように、鳴り続けていました。

この地の修道院と同じように、答えが先行して、その答えに安住している自分を見せつけられた日々がよみがえってきます。

「問題は何か」。そう問うことを削ぎ落とされたのは、何もこの司祭一人ではないのではないか。

安易な答えをゲームのように見せつけて、あたかも人生のテストに合格したかのような錯覚をおこさせる環境は、カトリック教会のみならず、日本全体を覆っているとも言えるのではないか。

こんな責任転嫁にも似た思いが、この本の各行を綴らせたというのが正直なところです。

とはいえ、この拙著にほんものの教会改革、社会改革への覚醒を委ねようという、そんな不遜な想いは毛頭ありません。

ただ、学問とは、その字のとおり、問うことを学ぶことであり、自分と周囲に問いを発してみたら、何やら代わり映えのしない日常のマンネリ化から少し救われたような気がしたというだけのことです。

叙階五十年、この貧しい司祭の歩みに問題をくださった方々に、まずは感謝をささげるとともに、これからも「学問」への同伴を請い願う次第であります。

目 次

目　次

一　教会の花の問題

（一）鼻のある猿の話

かつての小学校の国語の教材に「鼻のある猿」の話があったと、同級生は主張するのですが、歳のせいか忘却してしまいました。

その話というのは、だいたい次のような筋だった、とその同級生は言うのです。

全部が鼻のない猿に混じって、一匹だけ鼻のある猿がいたというのです。その猿は毎日、自分の顔の真ん中に鼻がある不幸を嘆きながら暮らしていました。

鼻のある顔の方が正常であり、本来の猿のあるべき姿であるわけですが、鼻がないという欠陥を持った猿が大多数の社会であったために、鼻がないということが正常と見られていたのです。

そのためにこの一匹は、鼻があるために、他の猿からいじめられていたのです。そして自分も、顔に鼻があるという不幸を毎日嘆きながら暮らしていたのでした。ある日この一匹は、わが身の不幸を嘆きつかれて、フラフラと自分の属する猿社会をとび出して、山の中をさまよっていました。

するとそこで、別の一匹の猿と出会ったのです。その猿の顔の真ん中には、なんと鼻があったのです。この不幸な一匹は、自分と同じ姿の猿に出会って、にわかに喜びが湧いてきました。

次の瞬間、この一匹も、いじめにあって逃げて来たのだろうと考えてしまいました。ところが違っていたのです。自分の所ではみんな鼻のある猿ばかりだと言うのです。ここではじめて、この一匹は、鼻があるということが、決して恥ずべきことではないことに気づくのです。

恥ずべきことではないだけではなく、鼻のあることが正常であり、とりたてて誇るべきことではないとしても、当たり前のことであり、そのためにいじめ合う社会こそ、異常なものなのだということに気づくのです。

(二) 花の好きな牛

スペインの童話でマンロー・リーフという方が書いた「花の好きな牛」と題する話があります。

むかし、スペインにフェルジナンドという名のかわいい子牛がいました。

ほかの子牛たちは毎日、跳んだりはねたり、駆け回ったりして暮らしていました。

しかしフェルジナンドは、いつも一頭だけ、草の上に座って静かに花の匂いを嗅いでいるのが好きでした。

牧場の端に大好きなコルクの木があり、その下に座って花の匂いに酔いしれているようです。

時がたつにつれてフェルジナンドは、どんどん大きく、強くなっていきました。

ほかの牛たちは一日中、角を突き合わせて競い合い、マドリードの闘牛で、華々しく活躍することを夢みていました。

ある日そのマドリードから、男たちが強い牛を求めてやって来ました。

ほかの牛たちは自分を売り込もうとして、うなったり、角を突き合わせたりしてデモンストレーションをするのでした。

フェルジナンドにとって、そんなことはどうでもよいことでした。そして、いつものようにコルクの木の下に座りに行きました。

ところが腰を下ろす時、よく下を見ていませんでした。そのために、そこに一匹の熊バチがいることに気づかなかったのです。

フェルジナンドは熊バチに刺されて、うなり声を上げて跳び上がりました。

そして気でも狂ったように暴れ回りました。その猛烈さは、この世のものとは思われないほどものすごいものでした。

男たちが、これを見逃すわけがありません。早速マドリードの闘牛場に連れて行かれることになりました。

しかし闘牛場に入ったフェルジナンドは、人々の期待に反してそこに座りこんでしまったのです。

それは群衆の中にいた女性たちの帽子につけていた花の香りが漂ってきたからです。フェルジナンドは闘うどころか、その花の香りに酔いしれて、その場に座り込んでしまったのです。

こうして、役に立たないということで、また元の牧場に戻されてしまったというお話です。

(三) 二つの童話から

この二つの童話に、読者はどんな教訓を見いだすのでしょうか。鼻のある猿の物語は、現代のいじめ社会に当てはめると、何か他人事ではないものを含んでいるような気がしてきます。

多数であろうと少数であろうと、鼻があることが正常なのに、その正常が通用しない社会はとてもこわいものです。

いじめられっ子が自ら命を絶っていく現代社会の状況は、この猿社会の比ではありませんが、似た面も持ち合わせています。

同じように、生きていけない社会状況があるからです。しかしあの一匹の猿はまだしも不幸中の幸いだったと言えるでしょう。

なぜなら、その社会から出ていくことができたのだし、しかもそこで正常な姿の同士に出会うことができたからです。

花の好きな牛の場合は、いじめではなかったようなので何よりですが、この牛も独りぼっち、一頭ぼっちでした。

実はこの話の紹介の中では省きましたが、お母さん牛がこの小牛のことを心配して、尋ねる場面があるのです。

「おまえは友達もいないようだが、さびしくはないのか」と。

彼は答えるのです。「何も心配いらないよ。僕は花の香りが大好きだし、他に何もいらない」と。

自分の属する社会の中から匂い立ってくる、自分を生き生きとさせてくれるものに出会ったというわけです。それは多分に、これを嗅ぎ分ける鋭い感性を備えた、この牛の素質に負うものではあるにしても、その社会は少なくとも正常な姿を保っているということになりましょう。

さて、現代の日本の社会と、その社会に奉仕することを目指すわが教会はどうなのでしょう。

（四）香りたつもの

イエスさまの誕生の場は馬小屋だったと言われます。普通の宿に場所がなかったからです。

そしてそこに共にいたのは、動物たちであったようです。あの一匹の猿や、花の香りを嗅ぎ分けた牛のように、動物的鋭い感覚を持つ者を招かれた、というメッセージを含んでいるのかもしれません。

その馬小屋には、花の香りではなかったですが、現代社会にも似たさまざまな悪臭が漂う中に、神さまの命の香りがあり、これを嗅ぎ分ける者たちがいたのです。

そのイエスさまがお建てになった教会はどうなのでしょう。

教義も戒律も整い、すべてが正しく非の打ちどころがないことはとてもすばらしいことです。花や電飾もまた、結構なことです。

教義の知識をいかに積み重ねようと、それだけで福音が香りを放つ教会になるとは限りません。さまざまな掟に違反していないということで満足してしまうと、その掟に命を与えている肝心要《かなめ》の愛の掟を見失うことにもなりかねません。

福音の香りとは、私たち人間の人格の奥から匂い立つ神さまの香りです。教会の祭壇の花は、そのような人間の中に宿る神さまの香りを表してこそ、本物ということになりましょう。

宮殿化した教会に福音の香りが漂うとすれば、それこそこれは理想的です。すべてが整ったマンションが林立する社会に福音が育てば、これもまた、言うことなしです。ただ筆者の鼻が嗅ぎ分けたところによれば、この理想と、言うことなしの状況を花咲かせるには、相当の動物的とも言うべき感度が育つ必要があるようです。

二　教会のローソクの問題

（一）ローソク

宗教の違いを越えて、宗教儀式に使われる共通のものにローソクがあります。ローソクのことをキャンドルとも言いますが、キャンドルサービスなどと結びつき、宗教的雰囲気からは少々ずれてきます。

ローソクは、当たり前のことですが、真ん中に芯があって周囲のろうを溶かしながらこれを燃料として燃えます。

周囲のろうがよく溶けないと芯のすぐ周囲だけ溶け、穴のようになって、炎を囲い込み、火を消してしまうことにもなりかねません。

溶けない周囲には、ときどきメスを入れて削り取らねばならないことが起こってきます。

いちばん真ん中、つまり中心が燃えるということは、こういうことだということを端的に示しているという意味で、ローソクは宗教的儀式にふさわしいと思われます。というのは、宗教行為というものは人間のいちばん奥、その中心を捉え、これを活気づかせるべきものだからです。

そして、人間の中心につながり、周囲のものを溶かしつつ、これを燃料として燃やしていくべきものだからです。

(二) 人間ローソク

それでは人間ローソク製作を試みてみましょう。人間形成ということで言えば、まずその誕生から始まるのですが、人間ローソクですから燃えるように作らねばなりません。

人ということばは「火止」から来ていると言われます。人間は内部に火をとどめているのです。どうりで時々熱くなるはずです。

その火は火山のマグマのように怪しく燃え、周りを焼き焦がしてしまうこともあります。うらみ、ねたみ、嫉妬、それはそれは、大変な火が燃え立っていることが分かります。

ただもう少し目を凝らしてその火を分析してみると、周囲を焼き焦がす火だけではなく、心地よく温めてくれる火もあることに気がつきます。

ローソクは自分の外側を溶かしつつ中心が燃え、周りの人を温かくしてくれますが、さらに燃え盛って、祭壇や家まで燃やしてしまうことはまずありません。

中心の火は、自分の中に蓄えられた燃料を燃やして周囲を温めるのです。

人間ローソク作りも、この法則に従って進められねばなりません。

まず、ローソク作りのために芯を通す必要があるように、人間ローソクにも点火すべき芯を通さねばなりません。しかもそれは火の付くもの、燃えやすいものでなければなりません。

人間の中のすぐに燃えるものと言えば、まず思い当たるものとして欲望の火があります。特に札束の火力は強いものがあります。もっと持ちたい、もっと持ちたいと、その欲望はすぐに燃え盛ります。

さてこの欲望を人間の中心に据え、これを人間本来の力、つまり世界を温める火として燃やすような人間ローソクでよいのでしょうか。

人間が歴史を重ねて得た教訓によれば、それは人間の近くに置くことは良いとしても、中心に据えるべきではないということのようです。

次に人間の中の燃えやすいものと言えば、偉い人に「なりたい」、他の人ができないことを「やりたい」という欲望の火です。そのためにどんどんと肩書や学歴を積み重ねていきます。肩書や学歴、家柄は、人間を燃やしてくれるものではありますが、これを中心におくべきかどうかは別問題です。

肩書、学歴を鼻にかけると、鼻持ちならぬ雰囲気になったりします。せっかくその人を輝かせるべきこれらの経歴が、かえって周りを冷やしてしまうことになります。そうすると、これらも人間の中心に据えるべきものではないようです。

それでは人間の中心、人間ローソクの芯は何をもって貫いたらよいのでしょうか。

(三)「持った」「やった」「あった」

札束を積み重ねて燃える火は、所有欲の火であり、これが燃えると、人はそれぞれ喜びを表現します。それは「ウハウハ」という奇妙な笑いであったり、にんまりとした顔の表情になるかもしれません。それはつまり「持った！」とか「ついに持つこと」ができた喜びです。

どんどんと功績を上げて出世をし、人の称賛を受けると人は輝き、ついに「やった」という雄たけびを上げるかもしれません。

何かになることができた、何かを成し遂げることができたという実感です。

さて、この「持った！」「やった！」という輝きのほかに、人間を輝かすものはないのでしょうか。そしてこの両者のどちらかを人間の中心に据えて燃やし続けてもよいのでしょうか。

それを見つけるにはいったん、「持った」「やった」の部分をそぎ落としてみる必要があるのではないでしょうか。

何も持たない自分、何もできない自分を想定したとき、それでも内部からじっくりと燃え上がってくるものがあるとすれば、それこそ人間の中心、自分自身の芯に据えるに値するものなのではないでしょうか。

それこそもともとあったものなのです。持つ前に、何かになる前に、「わたしはある」（出エジプト3・14）のです。まさに「あった！」という喜びの叫びを上げるべきことなのです。

大切なものを失い、また再びこれを見つけたとき、「あった！」と大声を上げて喜びを表現することはありますが、自分が今ここにあるということを、双手を挙げて喜ぶことはあまりありません。

しかし、そんな喜びと輝きの実力を、人はもともと持っていたのです。それは幼子の姿にふれて、自分の来し方を見やればたちどころに分かってきます。

赤ちゃんだった頃、何によって輝き、何を喜び、何で燃えていたのでしょう。それは「あるがまま」です。

何も持たず、何ものになることもなく、人としてそこにあるというあるがまま、そのままがすなわち輝きであったのです。

両親は、その姿にほれぼれとし、もう他に何も要らないと思うでしょう。その喜びと輝きを表現すると「あった！」ということになりはしないでしょうか。そこにわが子がいる、そこにある、そのことだけで両親もまた燃えるのです。

そして、この「この子がある」というその子を中心にして、その周囲のこと、「持つ」こと、何かを「する」ことを溶かし込み、その中心の輝きのために奉仕させようとします。

どうやら人間ローソクの構造が見えてきたようです。人間を輪切りにすると、その中心に「あった！」と言って燃えることのできる芯があります。

人間は、「持った」と言って喜び、「やった」と言って輝きますが、それらは同時に「あった」と叫んで燃えるために溶かし込んでいくべきものでもあるのです。

(四)「わたしはある」

人間とローソクを重ね合わせてみると、人間のあるべき姿が浮かび上がってきます。それは同時に教会のあるべき姿にも反映すべきものではないでしょうか。

人間の芯を燃やすもの、それは「わたしはある」（出エジプト3・14）と言われた神さまご自身です。

人間が燃えるのは自分の「ある」と神さまの「ある」が重なったときです。難しい表現になって恐縮ですが、「自分の存在発見」と「神の存在発見」は同時です。

福音とは、人間の芯に点火し、これを燃やす火のことです。たかがローソク、されどローソク。

キャンドルサービスではなくローソクサービスこそ教会が取り組むべき最優先課題です。

三　教会の「福音宣言」の問題

（一）行きますか

先日、愛車を駆って、ある教会の手伝いに向かう途中、思いがけず天国行きの看板に出くわしました。

「行きますか。のんでとばして　天国へ」。

結構飛ばしていたので、もしかしたら天国へ行けるかもしれないと一瞬思ったのですが、次の瞬間「のんで」とは「酒を飲んで」ということだと気づき、ぎくりとしてしまいました。

飲酒運転を戒めるこの看板が、かなりの説得力を持っていると思えたのは、ひとえに「天国」の二文字のゆえであります。

これが「行きますか。のんでとばして　地獄の底へ」では人々を委縮させ、かえって運転の腕を鈍らせてしまうのではないかと勝手に思った次第です。

と言うのは、この場合「天国へ」というのは、飲酒運転をしたら事故を起こして死んでしまうことになりますよ、ということを言っているのであり、たとえ天国へ行くにしても、人間は死にたいとは思わないからです。

そういう人間心理をよく捉えた飲酒運転警告であり、だから飛ばしていても運転手の目にとまり、心にも届いたのでしょう。

ところで、この看板の文言には少し修正すれば、かなりキリスト教的要素が含まれているとも思われます。

と言いますのは、キリスト教活動の中心に飲み食いが据えられていて、「勉強して理解せよ」と言うより「取って食べよ」という消化器ラインの作業が強調されているからです。

この勧めに従って、私たちはミサというイエス・キリスト飲み食いを行い、イエス・キリストと身一つとなって、福音そのものであり天国そのものであるイエス・キリストの内に住まおうとしているのだからです。

そうすると、あの看板はどのように書き換えたらいいのでしょうか。「住めますよ。

飲んで食して　天国に」。とりあえずこの辺りでいかがでしょうか。

（二）復活先送り

ヨハネ福音書の第十一章に、ラザロの復活の話が語られています。ラザロの姉であったマルタは、すでに亡くなったラザロの墓にイエスさまを案内します。その時イエスさまは、「あなたの兄弟は復活する」（23節）と宣言されるのです。これに対してマルタは言います。「終わりの日の復活の時に復活することは存じております」（24節）と。

マルタは、死を撤回不可能な事実として受け止め、せめて希望のうちに過ごしたいものと、いつの日か訪れるものとしての復活に、わが身を託そうとしたのに違いありません。

マルタだけではありません。私たち現代の信仰者も復活を単なる蘇生と捉え、むくむくと死体が生き返る超常現象におきかえてしまって、目の前の現実としては受け止めてはいない場合があります。

イエスさまはこれに対して、断固として宣言されるのです。「わたしは復活であり、命である。わたしを信じる者は、死んでも生きる。生きていてわたしを信じる者はだれも、決して死ぬことはない」（ヨハネ11・25）と。

目の前に「わたし」という命が居るではないか。そしてこの命そのもののわたしがこの世界に到来し、人間と共に居る限り、弟は死んでも死なないし、あなたがたも死なない。

現象としては死が訪れ、人は死者を葬る墓を築くであろう。そして、人々は殺し合い、不条理極まりないテロ事件が起きるかもしれない。

しかしそれでも大丈夫。心配はいらない。わたしが共にいるから。どのような悲しみの極限にあろうと、次元の違う喜びの中に生きていくことができる。

死のうと生きようと、そうした生死を超えた復活の世界に生きることができるのだ。マルタよ、このことを信じるか。

このときマルタが、受け入れるよう求められたメッセージは、およそこのようなものであったのではないでしょうか。

復活の先送りは命の福音の受け入れ拒否であり、人間的考え方にすぎません。それに対してイエスさまは、いま悲しみのどん底にあってもなお、別次元の命の喜びに生きることができると宣言されたのです。

そして、このことはイエスさまを信じること、つまり全面的に身を委ね、一つとなって、自分の中で、この宣言をかみ砕き、消化していくことによって、自分のものとすることができるのです。

宣言は宣言ですから説明を聞いて理解するというより、これを素直に受けとり、味わい、そして血とし肉として初めて本物となるでしょう。

「住めますよ。　飲んで食して　天国に」。

(三) 喜　び

「これらのことを話したのは、わたしの喜びがあなたがたの内にあり、あなたがたの喜びが満たされるためである」(ヨハネ15・11)。

喜び共同組合に入るようにというこの聖書の勧めは、イエスさまの身に、暗雲がたち込めて来つつあったときになされたものです。現実的に見れば、受難の時が迫っており、とても喜びなど考えられない状況にあったのです。

だからなのかどうかは分かりませんが、私たち信仰者にとって、喜びというものは悲しげに表現すべきものという習性が、いつしか身についてしまっているようにも思われます。

「喜びに心をはずませ、神の家に行こう」。心が躍るようなこういう典礼聖歌があります。

ところが、これを歌う人々の顔は悲しげであることが多い。悲しげとまでは言えなくても、何の感動もなく無表情であることが多いものです。

すると聖歌の指導者は、「喜びですよ、心はずませましょう！」と言って、やっきになって喜びを押しつけます。

その顔もまた引きつっていたり、時には目もつり上がっていることがあります。

そして評論家は、こんなちぐはぐな「悲しき福音」が宣べられている限り、福音宣教は進まないなどと、他人事のように解説します。

信仰宣言の中に「罪のゆるしを信じます」という箇条があります。ところが、罪のゆるしより、罪そのものを信じているのではないかと思われるような教えが述べられることがあります。

罪の恐ろしさ、おきてを守ることの大事さ、教会に来ないと大変な罪ですよ、などなど。その強調の度合いは、ゆるしのすばらしさを語る語調よりも何倍もの迫力があります。

本当は、人間のいかなる大きな過ちも、神の巨大なゆるしの前にはひとたまりもないはずなのです。人間の過ちの何兆倍ものゆるしが、とっくにこの世界に満ち満ちているはずなのです。

このゆるしと喜びの宇宙的迫力を示し得たとき、信仰宣言は、まさに福音宣言となるでしょう。

(四) 福音宣言

「行きますか。のんでとばして　天国へ」。この標語は少し修正すれば使いものになることが分かってきました。

「のんで」を、イエスさまを飲み食いし、つまりミサにあずかってイエスさまを味わい、身一つとなるという意味に変えることが、まず第一の修正です。

次に「とばして」とは、急ぐことですが、あまり急ぐと何事もうまくいきませんので、これも修正が必要です。

事実、飲んで食べても、すぐ目の前で身長が伸びるとは限りません。

しかし、イエスさまを飲んで食べている限り、復活の命、すなわち神の命は確実に成長していきます。そういう成長と躍動こそ世界に向けての「福音宣言」そのものなのです。

四 「現場」の問題

(一) 現場のことが分かっているのか

「現場のことが分かっているのか」。「現場感覚を持たないとだめだ」。

これは社会のいろいろな分野で聞かれる言葉です。会社であれば、ネクタイを締めて、エアコンのきいた部屋で、手も足も汚さず、書類を相手に仕事をしている場合、そこは現場ではないことになります。

反対に、汗水たらして体を使って重い荷物を運んだり、コツコツと足を運んで、海千山千のつわものを相手に営業を重ねるところこそ、現場ということになります。

教会の場合は、どうもそれぞれの教会、すなわち小教区と言われるところが現場であって、教区あるいは教区本部と言われるところは現場ではないようです。

警察の捜査の世界では、「現場百回」という言葉がしきりに使われます。

何回も何回も事件現場に足を運んで、そこに残っているかもしれない証拠を探し、その証拠が発信するメッセージを聞き取れ、という勧告なのでしょう。

そこに事件なり事故の当事者は現実にはいないのだけれど、そこに残された物、あるいはたたずまいが、何らかの声を発しているわけです。

その発信される、いわば言葉を聞き取ることができれば、これこそが現場感覚を持ったということになるでしょう。

あるいは、実際にそこに足を運んでも、そのメッセージに対して鈍感であれば、これは現場感覚を持っているとは言えないことになります。

だから「現場百回」、靴の底をすり減らすほどに通い続け、通っては思考を巡らし、巡らしては足を運ぶ。このような現場感覚獲得作業が必要だということになります。

(二) 現場という言葉の魔力

それにしても「現場」とは不思議な言葉ではあります。

「現場のことが分かっているのか」。こんな言葉が発せられるやいなや、その言葉の内実をよく調べるまでもなく、思わず「すみません」と言ってしまいそうになります。事務的仕事をする所は現場ではなく、汗水たらして取り組む作業の場こそ現場である。これは分かりやすくはありますが、そうとも限らないよ、と言いたくもなります。しかし、いったんこの「現場」という言葉が発せられると、妙に納得させられ、ついうっかりひれ伏したくなるのです。

小教区こそ現場であると言われると、必ずしもそうとは言えないと思いつつ、妙に妥協させられてしまうことがあります。

「現場」とは一体何なのでしょう。「現場の現場知らず」という言葉もあります。この際、現場百回、現場の正体を見極める試みを進めることも、あるいは無意味ではないのかもしれません。

(三) 本物の現場とは

どうも現場を素通りしてしまったのではないか、と疑われる物語が、ルカ福音書(10・30―37)に記されています。

ご存じの「よきサマリア人」の物語です。これは、宗教は本当に、現場感覚を磨いてくれるのか、というテーマをつきつけた物語でもあります。

強盗に出会って、半死半生にされた人の現場を、三人の人が通りかかります。最初の二人は、当時の宗教の、いわば専門家だったのですが、現場を素通りしてしまいました。

この二人は常々、深遠な書物とか重要書類と向かい合い、手足の汚れない仕事場で活躍していたと思われるのですが、そのために現場感覚を持てなかったのでしょうか。あるいは自分の現場は別にあると思っていたのでしょうか。

そこに三人目の人が通りかかります。彼はユダヤ人とは敵対関係にあるサマリア人でした。彼は何のわだかまりもなく現場に近づいたのです。

そしてけが人に至れり尽くせりのケアをして、宿屋に連れて行き、そこでも世話をし続ける。つまり現場を素通りしなかったのです。

さてこの人は、日頃どんな環境の中で生活していたのでしょう。そのことについて聖書は詳しくは記していません。

宗教も何であったのか分かりません。しかし、自分の生活リズムをかなり変更してでも、現場に向かう感覚を身に付けていたようです。

その現場感覚を養ったのは、当時の大手の宗教ではなく、その宗教が軽蔑していたサマリア人社会でした、というおまけまで付けられた物語なのです。

このサマリア人の目は、たとえ現場から物理的に離れていても、その現場を見つめ続けていたようです。

宿屋の主人に、自分がいない間のケアを依頼し、費用が足りなければ帰りに払うという、会計事務手続きまで進めるのです。

会社の出張で、重要会議に行く途中だったのかもしれません。あるいは商売をしていて、商品の仕入れに出かけていたのかもしれません。

彼はそういう自分自身の現場と言えるものを持っていたのです。そういう現場に、百回も二百回も足を運んでいたのでしょう。

しかし彼の極めて特筆すべき感覚は、それが「自分の現場」にすぎないということを把握していたことです。

現場百回、現場に通いつめ、さらに「本物の現場」がほかにあることを、彼はつかんだのではないでしょうか。

(四) 現場百回

現場とは何でしょう。「現場のことが分かるか」。こう言われると妙に納得してしまうことがあります。それほどこの言葉には魅力があり、力があります。

しかし世に言われるように、手足の汚れることを基準にして現場を固定化してしまうと、いつしか現場の現場知らずになってしまわないとも限りません。

自分では現場にいるつもりのようだが、本当に現場のことが分かっているのかと逆に問い返されないともかぎりません。世に言う汚れ仕事であろうと、デスクで書類を扱う仕事であろうと、人は自分の現場というものを持っています。

あのサマリア人の物語の素通りした二人も、自分たちは現場にいると思っていたことでしょうし、それを誇りにもしていたことでしょう。

そうすると、現場とは一体何なのでしょうか。それは文字どおり、「現れの場」なのです。人をして引き付けずにはおかない、怪しいほどの光を放つ場、言ってみれば神さまが、現れる場なのです。どうりで魅力があるはずです。紋所《もんどころ》の威力を持つはずです。

ところが、人はときどきその現場を自分のものだけにしたがります。自分が関わる場、すなわち自分の現れの場のみが現場だと思い込んでしまう場合があります。

特に、宗教とか、人生の原理などに通じていきますと、人はときどき、自分の教養すなわち教えで養われただけの世界に、その現場を囲い込んでしまうのです。そしてついうっかり、本物の現場を素通りしてしまう。

現場とは神さまが現れる場です。真の愛が閃光のように光を放つ場です。同時に本物の愛が極めて渇き求められる場です。言ってみれば、神さまの気配が匂い立つ場のことです。その現場をとらえるには、現場百回通いつめねばなりません。すると次第に現場感覚が磨かれて、汗水たらすところにも、深窓の中の書類にも、その現場感覚がにじみ出るようになるのでしょう。

どうやら「現場のことが分かっているのか」という問いかけは、何よりもまず、自分自身に向けて、放ち続けねばならない言葉のようです。

五　ジハード（聖戦）的殉教感の問題

（一）ジハード

ジハードという言葉は、イスラムの人々にとって、とても神聖な尊い言葉です。その言葉をあえて使わせていただくのは、この言葉がいま、不当に扱われていると思うからであり、同時に「殉教」という言葉もこの言葉と同様、本来の意味を失っているように思われてならないからです。

ジハードという言葉には、日本語の「聖戦」という言葉が当てられています。たいていの人は、この言葉を何回か耳にしたことでしょう。

ところで、この神聖な言葉は、あの九・一一テロ事件以来、まったく不本意な意味で使われるようになってしまいました。イスラム過激派の人々が、旅客機を乗っ取って高層ビルに突っ込んで行ったあの勇敢（?）な行為を、これに同調する人々はジハードと呼び、これらテロリストたちのことを殉教者と呼んだからです。

しかし、客観的に見なくても、テロは聖戦でもなければ、これを行う人たちは殉教者でも何でもありません。もちろん、そういう行為に走らざるを得なかった背景に思いを馳せれば、理解できる部分がまったくないわけではありません。

しかし、そういうこととテロの正当化は、まったく結び付くものではないし、結び付けてはならないのです。

ましてや「殉教」などという言葉の入る余地はまったくありません。

ご存じのとおり、江戸時代初期に幕府の迫害で殉教したキリシタン、ペトロ岐部一八七殉教者の列福式が日本の歴史上初めて、日本の地で、二〇〇八年十一月二十四日に行われました。

これは日本教会の慶事であると同時に、日本および世界に向けて本当の神さまを、身をもって証しする、絶好の機会であると言えるでしょう。

福者たちとこれに連なる殉教者たちが、後世に生きる私たちに命をかけて託したものは何か。このテーマに真摯に向かい合い、このテーマと格闘し、自分なりの答えを見つけること、これが私たちに課せられた課題だと思います。

それらのテーマが突きつけてくる課題は無数にあると思いますが、今の私の中に、たちどころに浮かんでくるのは、いわゆる「聖戦的殉教感の克服」ということです。「殉教観」ではなく「感」と書き記すのは、練り込まれた人間の深い思いと、やや表面的感情とを明確に区別したいからです。

(二)ジハード(聖戦)を超える

一六三七年から三八年にかけて、南島原の原城でいわゆる「島原の乱」が起きました。三万人とも言われる住民たちが、天草四郎時貞を大将として、時の権力側の圧政に対して立ち上がったのです。

一六三八年四月十一日、幕府軍の総攻撃を受けて、女性・子どもに至るまで総玉砕することになります。

いま島原教会の主催で、幕府軍および籠城軍の死者を追悼する行事が毎年行われています。戦いの姿勢を捨て、異質の世界への差別化や対立感を転換して、和解と癒やしに向かう社会をつくろうというこの行事の意図は、とても尊いものだと思います。

何よりこの時亡くなった方々が、そのことを渇望していたことだと思います。

特にいま、そこでは史跡の発掘が行われていますが、当時の人骨などが出てきています。それとともに、敵方から打ち込まれた弾丸を、つまり鉛の玉を十字架やほかの祈りの道具に打ち直していたという、感動すべき事実が明らかになってきています。

島原の乱は戦争ではあっても、そのただ中にあって、戦いの道具を平和の道具に打ち直す者がいたのです。

戦いの場にあって和解を祈る行為は、まさに本物の殉教的行為ということができるでしょう。戦いの構図である敵と味方、迫害と被迫害の二元対立の世界を超えて、互いの一致と和解を祈る英雄的非暴力のしるしを、身をもって掲げようとしたとすれば、彼らは明らかに殉教者だったと言えるでしょう。それは、列福された一八八殉教者の行為と、同質のものをもっていると思われるからです。

福者として記念される殉教者たちも、自分たちを迫害する者たちに非暴力をもって向かい合い、その人たちをゆるし、迫害、被迫害の二元対立の世界を超えようとした

からです。

そのような視点に立ったとき初めて、この現代の社会にも同じような、いわば殉教者たちがいることに気づかされます。

アフガニスタンやイラクをはじめ、世界の各地の戦場の弾丸飛び交う中で、文字どおり命を投げ出して、二元対立の世界を超えようとする方々がおられるからです。必ずしも戦争でなくても、日常の生活の場でこうした癒やしと和解の行為に身を削る、いわば名もなき殉教者たちが数多くおられるからです。

島原の乱そのものは、暴力と暴力がぶつかり合う戦場であったとしても、その弾丸をかいくぐって、一致と和解を祈る者がいた、ということが浮き彫りになってきています。

そしてまた、さらに視線を移せば、敵方の幕府軍の犠牲者の中にも、そのような方々がいたに違いないという思いが湧いてきます。

(三) すり替え

戦いに身を削る者がいる一方で、その戦いの構図つまり敵、味方の二元対立を超えることに身をささげる方々もいます。

私たちはどちらに与《くみ》しようとしているのでしょうか。それはもちろん、和解と癒やしのためにどんな苦労もいとわないと思っておられるでしょう。

そして、そのことにみじんの疑いも持たず、固い信念のもとに行動しておられると思います。

ただ私たち人間は、そう簡単にこの二元対立の迷路から脱出できないということも事実です。

あのジハードを叫んで命を投げ出す人々も、自分たちの正義と平和を掲げたつもりではあるでしょうが、結果として無防備の尊い命を奪ってしまったのです。

正義と平和を掲げて、いろいろな差別撤退や戦争反対を叫ぶことがあります。その行為そのものはとても尊いものなのです。ところが、その掲げる正義と平和が、いつしか自分たちだけの正義と平和にすり替わり、これに同調しない者たちを排除したり迫害したりするようになることがあります。

正義も平和も神さまのものであり、これを掲げる限り意義があるのですが、いつしかすり替えの魔性にとりつかれてしまうのです。

殉教祭だって例外ではありません。ごく普通の弱い人間の非暴力に宿る、驚くべき神さまの力を証しするための殉教祭であればよいのですが、いつしか独りよがりの聖戦的殉教感にとらわれ、行事に対して熱心でないと思われる者を非難したり、責め始めたりします。

こうして二元対立の魔道に迷い込んでしまうのです。

(四) 現代の殉教者

言葉で証言する人のことを「証人」と言い、命懸けで証しする人のことを「殉教者」と言う、と言えば少し分かりやすくなるでしょうか。

命を懸けて何を証しするのか。それは、ともすればジハードに走りたがる人間を根本から和解させる神さまです。

そんなことはできませんと諦める前に、自分の生き方、考え方は、この世に分裂をもたらしているのか、それとも一致をもたらしているのか、少しだけ振り返ってみましょう。

二元対立のただ中にあって、時にはののしられつつ、地道に和解と癒やしに身を削るあなたは、もはや現代の神の愛の証し人、すなわち殉教者そのものです。

六　日本の大地の問題

（一）故教皇の追憶

一九八一年二月二十三日、午後三時過ぎ、歴史上初めて、カトリック教会の最高指導者が、日本の大地に足を踏み入れました。故教皇は羽田空港に降り立つとすぐに、日本の大地にひざまずき、口づけするという、他の何者もしたことのない行動をとられたのでした。

そして、「わたしは平和の巡礼者として日本に来ました」という来日コメントを発表されたのでした。

故教皇は、日本の大地に口づけをすることによって、何を感じとられたのでしょうか。そしてその後、平和への巡礼は順調に進められたのでしょうか。

それは、ご本人に聞く以外に、厳密には分からないことです。

しかし、その後広島で、「戦争は人間のしわざ」の冒頭句で知られる平和アピールを発信されて、長崎ではあの猛吹雪の中での殉教記念ミサをささげられました。この来日が、二〇〇八年十一月、一八八殉教者の列福式を行うための、そもそもの出発点であったことを考え合わせるとき、故教皇の深みに何が湧き上がってきていたのか、おおよその想像をめぐらすことはできます。

それは、日本の大地の霊的掘り起こしだったのではないか。その大地に口づけし、その大地に深く埋もれ、根付いているものを掘り起こし、その大地をして現代に語らしめる、そんな意図が感じられてなりません。

一人の責任者の行動と言葉をきっかけとして、今に通じるメッセージを掘り起こすことは、無意味なことではないと思われます。

(二) 大地に眠る平和

故教皇の、広島での平和アピールにおいて、四回繰り返された同じ言葉があります。それは「過去を振り返ることは未来に責任を持つことです」という言葉です。

その振り返るべき過去はまず、一瞬にして町全体を焼け野原にしてしまった原爆です。日本の大地が死の風景に変えられた、原爆と核戦争の脅威は、今も拡大されることはあっても、決して縮小されてはいません。

「ノーモア広島」というスローガンに代表されるように、核廃絶のシンボルはまず広島です。そしてこの反核を叫ぶことは、世界平和構築のための中心的な運動となっています。

しかし、故教皇は七十数年前の、二つの原爆投下という過去を振り返るだけでは十分ではないと、考えられたのではないでしょうか。

日本の歴史には、人間の核とも言うべき人格が、二五〇年余りにわたって、侵害されてきた歴史があります。キリスト教迫害の歴史です。

その迫害の周辺と背景を探れば、それこそ無数の野心と思惑が絡み合った歴史があります。その絡み合った糸を解きほぐそうとすれば、これまた長い歴史を要することでしょう。

しかし、そこに人間が虐げられ、その虐げに屈することなく、人間の人格を、最大限に輝かせた者がいたという事実があることも確かです。

筆舌に尽くしがたい責め苦、しかも、いつやむとも知れない迫害の猛吹雪の中で、閉じこもることなく、抗《あらが》わず、騒がず、非暴力を貫きました。しかも責める者を許すという、世界の歴史上まれにしか克服されたことのない二元対立の世界をみごとに超えていった方々が居たということは、驚異であったにちがいありません。だから殉教者たちは、明らかにピースメーカー（平和をつくる人）であり、平和の巡礼者だったのです。

しかも、この偉大な平和の巡礼者たち、すなわち殉教者たちの数もまた、世界に類例を見ないほどのものです。

識者たちの間にも定説はないようですが、文献上分かるだけでも五千人、実際にはその十倍にのぼると言われています。

キリスト教初期の古代ローマ帝国時代に、激しい迫害がありましたが、そのときの殉教者の数は、せいぜい七、八百人程度と言われています。

（三）平和の祭典

原爆と同様、殉教もまた死の風景に見えます。そこに横たわる屍《しかばね》に差別も区別もありませんし、死は死でしかありません。

だが、これらの死者たちが掲げた、この世界に向かってのメッセージには、おのずから違いがあります。

被爆者たちの死は強奪されてしまったものです。殉教者たちの死は、自ら奉献されたものです。

原爆という不条理極まる凶器によって、命を落とした方々が横たわる大地の、そのまたはるか地下に、迫害という歴史の因縁の中で、自らの命をささげた方々が眠るという、この重層的日本の大地に、カトリックの最高指導者が足を降ろし、しかも口づけをしたということには意義があるし、意義あらしめなければなりません。

殉教者たちは、迫害されて、その迫害のために命を落としたのですが、迫害者を迫害することはありませんでした。つまり非暴力を貫きました。日本の大地には敵・味方がぶつかり合う戦争という二元対立に巻き込まれ、命を奪われた方々の血と、迫害・被迫害という二元対立の世界を、殉教という形で克服した方々の血が、混ざりあって染みこんでいるのです。

殉教は非暴力です。私たちは、非暴力というと、何か無力なイメージを抱いてしまいますが、非暴力ほど強大な力はないことを、今こそ学びとらねばなりません。殉教者たちがそのことを証しています。今この時代に、迫害が起こったら耐えられるかという問いに、大抵の人は不可能だと答えます。その答えは正しいのです。かつての殉教者たちも、自分たちが殉教できるとは、一人も思ってはいなかったと言われています。かえって自分こそはと公言した者ほど、実際には殉教に至らなかったとも言われています。

そこに、予想もできないほどの自然を超えた力が、人間の中で核爆発を起こしたとしか言いようがありません。ですから非暴力に宿る、この世界を超えた力の存在を、この世界に向かって堂々と証ししようという、この列福式は、同時に本物の平和の祭典でもあります。

そして同時に、対立する右と左に大きく両手を伸ばし、自らは真ん中にあって両者を生かし、そのことをもって天と地を結んだ、平和の主である十字架のイエス・キリストを天下に掲げることにもなるのです。

(四) 長崎から

故教皇の追憶をたどってみたら、平和づくりの原点が、少しかいま見えてきたようです。

平和の巡礼者として日本に来られた故教皇は、日本の大地の表面をただ通り抜けられただけではなかったようです。それどころか、日本の地の掘り起こしと種まきをされたのではなかったのでしょうか。

こうして、故教皇の指示に従ってみたら、一八八人の殉教者たちが、現代によみがえることになりました。この一八八人に連なる、日本の大地に眠るすべての殉教者たちがこの長崎に集結します。そして真の平和を世界に向かって発信します。列福式会場となる県営野球場(ビッグNスタジアム)は、今、部厚いコンクリートで覆われています。

しかしその表面を貫いて追憶の鍬《くわ》を入れてみれば、被爆者たちの屍が眠っています。そしてその奥をさらに掘り進めば、殉教者たちの血がにじんだ地層に突き当たります。被爆と殉教の地、この重層的大地こそ長崎の大地であり、世界平和を生み出す肥沃《ひよく》な土壌であると言えるでしょう。

七　殉教と殉国の問題

(一) 二つの涙

鹿児島県の知覧町に、第二次世界大戦の時の、特攻隊の記念館があります。

特攻隊の方々は、ここから飛び立って行き、自ら弾丸となって敵の艦隊に向かって突っ込んで行ったのです。こうして自らの命を国のためにささげた方々がいて、これらの方々、そしてその他の多くの方々の犠牲の上に、現在の日本の豊かで平和な生活があることを考えれば、一日たりとも無駄に過ごしてはならないという思いが湧いてきます。

この知覧町の記念館を訪れた、二人の人の涙についてしたためてみたいと思います。このことは一八八殉教者の列福式にあずかる私たちが、殉国者ならぬ殉教者の思いを少しでもくみ取るうえで、とても参考になるのではないかと思います。

一つは元総理大臣小泉純一郎氏の涙です。氏はここを訪れ、国のために命をささげた若者たちの勇敢な行為に感動し、彼らの犠牲を決して無駄にはしないことを誓い、靖国神社にお参りすることを約束して涙を流したと言われています。

もう一つは、マンガ『サザエさん』の作者として有名な、長谷川町子氏の涙です。彼女もまた、ここを訪れ、涙を流しました。しかし彼女の涙は小泉氏のものとは少々種類の違うものでした。

それは前途洋々たる若者の命を、このような形で散らしてしまったことへの無念の涙であり、そのような社会をつくってしまったことへの怒りと後悔の涙でした。

(二)　きけ　わだつみの声

第二次大戦中はもちろん、その前から、主にアジアの各地の陸や海は、何万という若者の命をのみ込んでいきました。海にも陸にも累々《るいるい》と屍が横たわり、それをのり越えて、進軍ラッパが鳴り響き、極限まで高揚した戦意の中で、若者たちの命が散っていったのです。

「きけ　わだつみの声」とは、肉弾となって敵艦に突っ込み、海に消えた尊い霊たちの声を聞きなさいということでしょうか。

その声は、単に戦意高揚をあおるものだけだったのでしょうか。それとも、当時ならタブー視されるような、長谷川町子氏の涙に呼応するものだったのでしょうか。

今となっては、その真実の声を直接聞くことはできませんが、時は違っても同じ人間として、魂の奥からの真実の声に聞き入ることは、今を生きる者の責務でもありましょう。

筆者の耳には、こんな声が聞こえてきます。

「後の時代に生きる皆さまが、私たちの死をどのように評価してくださるか、それは自由です。

その勇敢な行為を取り上げて、感動してくださることもありがたいことです。そしてお国のために死に、命をささげた英雄として、つまり英霊として崇敬してくださるというのであれば、それも受け入れましょう。

しかし、どうしてもやってほしくないことがあります。それは命に差別を持ち込むことです。そしてその命の普遍的価値を損なうようなこと、つまり、排除の論理を持ち込んで、命の優劣をつけるようなことだけはしてほしくないのです。

愛国心もナショナリズム（国粋主義）も大変結構なことですが、自分たちの国だけ、自分たちの国のために死んだ私たちだけ、という囲い込みをすることは、決してしてほしくありません。アジアや他の国の方々の命も、自分たちの命も、命に変わりはないからです。

その排除の論理が対立を生み、その対立が戦争を生み、この私たちの命、そして、他の国の多くの若者たちの命を奪ってしまったのだということを、どうぞご記憶くださいますように。

私たちの行為に感動し、聞きようによっては、勇ましさが目立った私たちの時代こそすばらしく、皆さまの時代はだめな時代であるかのような錯覚を覚えることが時々ありますが、時代としては私たちの時代こそ最悪だったのです。こんな時代に帰ってきてもらっては困ります。

心ならずも私たちが、あやめてしまった命たちをも、共に弔い合うのでなければ、何のために私たちは命をささげたのか、分からなくなってしまいます」と。

(三) きけ、マルチル(殉教者)の声

一五九七年の二十六聖人の殉教以来、歴史上、記録で追えるだけでも四千人とも、五千人とも言われる方々が殉教しました。実際はその十倍とも言われています。

二〇〇八年十一月二十四日の列福式に向けて、多くの方々が殉教者ゆかりの地に赴いて、マルチル(殉教者)たちの声を聞こうとしています。

その声は、どのようにこの方々の耳に届いているのでしょうか。そしてマルチルたちは何を語りたいのでしょうか。

それは、それぞれの聞き方によって違うし、今は亡きマルチルたちの声を直接聞くことはできません。

しかし、知覧町で殉国者たちの声を聞いて、二つの涙があったように、大きく分ければ、似たような二種類の涙につながるメッセージが聞こえてくるのではないでしょうか。

筆者の耳には、こんな声が聞こえてきます。

「後の時代に生きる皆さまが、私たちの死をどのように評価してくださるか、それ

は自由です。

その勇敢な行為を取り上げ、感動してくださることもありがたいことです。そしてキリストへの信仰のために命をささげた模範的な者として、つまり福者として崇敬してくださるということであれば、こんな光栄なことはありません。

ただ、殉国者の勇敢な行為を取り上げて、排除の論理に基づくナショナリズム（国粋主義）をあおることがあるように、私たちの行為を取り上げて、少々原理主義がかった排除の論理に基づく、窮屈なカトリシズムをあおるようなことになることは、好ましいこととは思えません。

教会と世界の境界を明確にし、その囲いの中の熱心さを強調することは結構ですが、そのために、自分の信仰だけ、自分たちの形による熱心さだけという囲い込みをするようになっては、少々やっかいなことになってしまいます。

自分たちと他の者との間を、排除の論理によって整理し、神の思いではなく人の思いを優先し、神さまの広大無辺、自由自在に働く恵みを囲い込み、自己完結型の教会をつくってしまうという迷いに陥ってしまう危険があるからです。そんな狭い了見で殉教などできるものではありません。

私たちの行為に感動し、聞きようによっては、私たちの時代こそ、最高の時代だったような錯覚を覚えるようなことがありますが、時代としては最悪だったということをご記憶くださいますように。

現代のように平和な時代であったらと、どんなに願ったことでしょう。私たちの時代に帰ってはなりません。帰るべきは、人間の思惑をはるかに超えた次元で殉教された、ただ一人の殉教者イエス・キリストご自身のみもとのみです。

そして列福式参加者である三万人と、その背後にある方々と共に、一切の排除の論理を捨てて『すべての民よ、主をたたえ、すべての国よ、神をたたえよ』という普遍（カトリック）の歌を歌いましょう」と。

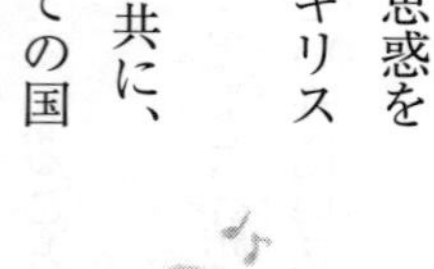

(四) 超える

日本の国もカトリック教会も、その歴史において戦争を体験しました。一方は、第一、第二次におよぶ国と国との戦いであり、もう一方は、プロテスタントとカトリックとの宗教上の戦いであり、そしてこの世との戦いです。そのためかどうか、私たちの中に、ものごとを対立軸で捉え、他を排除してしまう考え方が身に付いてしまっている場合があります。

もしかしたらその体質が、神の恵みの広がり、つまり宣教を封印しているのかもしれないのです。列福式という歴史的イベントを機に、考えてみたい重要なテーマの一つです。

八　「福者」の問題

(一) 列福力

読者の皆さんは、「幸せ」という言葉を耳にして、どんな状態を思い浮かべるでしょうか。

お金があって、健康で、友達がいて、自然災害とか事故にもあわず、笑顔で暮らせる状態は、紛れもなく「幸せ」の範囲内に入ることでしょう。

あるいは「たとえ貧しくとも愛さえあれば、それだけで幸せ」などと、少々キザなことを言われる方もいるかもしれません。私のこれまでの貧しい経験では、このような言葉を言われる方々の半分以上は、「そうは言っても、やっぱり金だ」という考え方に逆戻りするようですが……。

ところで、日本で初めての列福式なるものが行われました。列福式とは、ある人を

「福者」に列する儀式のことです。福者とは、公式には、確実に天国に入っていると認められる者、ということになっています。

この世界的表現で言えば、幸福者すなわち「幸せ者」ということになります。それも誰がなんと言おうと最も幸せな方々ということになります。

ところが、この度福者に列せられた方々には、私たちが普通に抱く幸せについての考え方は、まったく当てはまらないように思われます。

火刑、穴吊り、打ち首、果ては、雲仙地獄の熱湯につけられ、有明海に沈められ、手を切られ、ありとあらゆる苦難にさらされたのです。

事故もなく、災害にあわずどころの騒ぎではありません。貧しくとも愛があれば、などとのんきに言っている次元でもありません。

一見したところ、最も不幸に見えるこれらの殉教者が、福者である。つまり最も幸せ者であるとはどういうことなのでしょうか。

この、最も不幸と思われる状態と、その状態にあってさえ、最も幸せ者と宣言すること、このことを仮に「列福力」という言葉で表現するとすれば、この列福力こそ、この度の列福式で私たちが身に付けねばならない、最も重要な力ということになりましょう。

お金だけでもだめ、「愛さえあれば」という言葉だけでも不十分。あの世への先送りでも未解決。

(二) 抱擁

それでは、誰がなんと言おうと幸せな状態、それも、ほとんどの方々に賛成してもらえる具体的な状態として、合格点を与えられるものは、この世にはないものでしょうか。

私は、私たちがかつて住んでいた、母親の胎内の状態だけは、当選確実と思っています。胎のことを子宮とも言います。命を宿す宮殿のことです。

人はこの世界に生まれる前に、宮殿に住んでいたのです。羊水の中で、すべての人が支配される重力からも免れ、食べることをしなくても必要な栄養は保たれ、何の不安もなく委ね切った姿、この幸せな姿に異論を唱えることのできる人はいないでしょう。全身全霊が完璧に抱擁され、しかも自由自在な状態です。

この世に生まれると、この完璧な胎内の幸せの状態を、いったん失うことになります。しかしその代わり、そこには母の抱擁があります。父の愛にあふれる言葉があります。

こうして幼子は、完璧な胎内の幸せを保ち続けるのです。その後、自立が始まります。第二の胎内である母の抱擁を離れる時が来るのです。そこで第三の胎内すなわち社会という子宮が、彼、あるいは彼女を抱擁することになるはずなのです。

ところが、これらの胎移りの過程で、少々狂いが生じてきます。ありのまま、そのままで包まれていた状態に、わがままが現れはじめるのです。

わがままは本物のママ（母）にはなりえないのですが、自分を本当に抱擁する者に出会えないとき、人間は自分で自分を抱擁しようとして、実は自分の囲い込みを始めることになってしまいます。

こうして、自分中心の世界に立てこもり、他を排除しはじめ、対立軸の中に自分を置き始めます。

このようにして、人は「不幸」という言葉で呼ばれる状態へと、誘われていくのではないでしょうか。

一八八人の殉教者たちが、「福者」すなわち「幸せ者」と宣言されるに至ったのは、おそらく、母の胎内を出て、この地球の胎内に抱擁され、さらにもっともっと大いなる者の胎内に、抱擁されていったからではなかったでしょうか。

(三) 現代の殉教者

ペトロ岐部と一八七殉教者の列福式は終わりました。この歴史的イベントも時の流れの中で、次第に風化していくのでしょうか。それともいよいよその意義を深めていくのでしょうか。

一部ではありますが、四百年前の殉教者たちは一応、列福することができました。ひと段落というところです。

次の段落として、現代の殉教と、その列福を手がけなければならない時が、到来しています。

そこで、二〇〇八年に生まれたばかりの一人の殉教者とも言うべき方と、その列福を取り上げてみましょう。

それは、二〇〇八年八月二十七日、アフガニスタンで、ペシャワール会というNGO団体の一員として、ボランティア活動をしていて命を奪われた伊藤和也（31）さんです。

彼は現地の人と一緒になって、その国を緑豊かな国に戻すことをお手伝いしたい、という熱い思いを持って、現地に出かけたのでした。

ボランティアという言葉に、いちばん当てはまる日本語は「手伝い」だと言われます。手伝いとは文字どおり、手から手へ伝えていくことを意味しています。

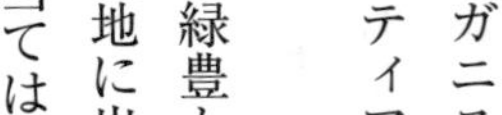

伊藤和也さんは「現地の方々の手伝いをしたい」と言いました。彼が伝えたかった手の正体とは何だったのでしょうか。その伝えたいもともとの手とも言うべきもの、それは、彼自身は意識していなかったかもしれませんが、キリスト者の目には、そこにイエス・キリストの十字架上の手が、くっきりと見えてきます。

伊藤さんは、自分の命の根源でその手を感じとり、その手に抱擁されて、その手を伝える勇気を得たにちがいないのです。

列福された殉教者たちも、イエス・キリストの手と自らの手を重ね合わせ、その手を世界に伝えようとしたとき、自分でも信じられないほどの力に満たされ、その手に抱き取られた自分を、発見したにちがいないのです。

あんな過酷な責め苦にどうして耐えられたのだろう。こんな疑問を私たちは持ってしまいます。

実は殉教者たち自身がそうだったのです。この謎を頭で解決したのではなく、この大いなる手の中で、いつしか解消していったというのが、真実のところでしょう。

最も不幸と思われる者が、最も幸せ者だと宣言する列福式の謎を解く鍵は、この「手」にあります。

この手の中でだけ、私たちは次の聖書の言葉を、自分の身に染みて受け止めることができるようになるのです。

「わたしのために人々があなた方をののしり、迫害し、またありとあらゆる、いわれのない悪口をあなた方に浴びせるとき、あなた方は幸いである。喜び躍れ」（マタイ5・11―12）と。

(四) その手がある

福音とは喜びの訪れを意味します。この福音に接すると小躍りして喜ぶ状態が訪れます。

どんなに不幸と見える状態であろうと、この福音が響くと、たちどころに幸せ宣言に結びつき、そして実現するのです。

その福音とはわがママ（母）ではなく、ありのまま、そのままを抱き取る手のことです。

私たちの知恵、その行動、祈り、奉仕は、このような列福力すなわち福音力を持ち得ているのでしょうか。

もしそうではないと思われることがあっても、気落ちすることはありません。まだ「その手」があるからです。

九　「すべて」の問題

(一) すべて

私たちは日頃、決して沈黙を破ってはならない場面で、思わず破ってしまっている場合があります。

例えば、ゴルゴタの丘でイエスさまと共に十字架に架けられた、二人の強盗についての聖書の話などです。

古来、この二人の強盗のうち、一人は良い強盗、もう一人は悪い強盗の烙印を押されてきました。強盗に良いも悪いもないでしょうが、一人は自分の悪い行状を認め、回心したので天国に行ったということになり、もう一人は、ほぼ地獄へ行ったというような話の組み立ての中で、取り上げられます。

「あなたによく言っておく。今日《きょう》、あなたはわたしとともに楽園にいる」(ルカ23・

43）と言われているので、一人は確かに楽園入りが保証されたわけです。
さて、もう一人はどうなのでしょう。その期に及んでイエスさまを呪ったというのですから、これははなはだしく心証が良くありません。だからと言って、地獄行きの烙印を押してよいわけでもありません。第一イエスさまご自身が、判定を下してはいないのです。

イエスさまの十字架と、いわゆる悪い強盗の十字架の間には、沈黙しかありません。この沈黙は神さまの沈黙であり、ここに何人と言えども、人間の言葉を挟んではならないのです。

私たちは聖堂の静謐《せいひつ》の中で、深い沈黙にひたり、黙想にふけります。黙想とは、人間の思惑と言葉をできるかぎり排除し、ひたすら神の恵みの、言葉を超えた広大無辺さを味わうことです。

イエスさまの十字架と、いわゆる悪い強盗の十字架の間は、言葉、特に裁きの言葉を排して、深い黙想の次元で捉えるべきことです。

良い悪い、強い弱い、外から見たにすぎない回心のあるなしなど、人間の人間による判断を一切排し、二人の強盗を、救いのまさに正念場《しょうねんば》においてふところに抱きかかえ、人の思惑をはるかに超えた視点からのまなざしを注がれた、イエス・キリストの救いのみ業のクライマックスを味わうのです。

そしてそこから、もし人間の言葉が流れ出るとすれば、殉教者たちがその殉教のクライマックスでこぞって口にしたという、すべての対立を超えた神への賛歌だけではないでしょうか。「すべての国よ、神をたたえ、すべての民よ、主をほめよ」と。

この「すべて」は文字どおりのすべてです。強い者だけでもなく、いわゆる転んだ者だけでもなく、迫害者も傍観者も、海も山も、それら一切の人間による差別、区別をはるかに超えて全宇宙を包み込む。神の恵みへの圧倒的感動です。

(二) 破られた沈黙

昔、『沈黙』という小説を書いたために、ずいぶんと迫害された小説家がいました。なぜ迫害されたかと言うと、決して言葉を入れてはならないところに、言葉を入れてしまったからです。ですから『沈黙』という小説は、沈黙を破ったという物語だったのです。

主人公であるバテレン（宣教師）が、キリシタンをやめる証しとして、踏み絵を踏まされることになります。彼は、内面のさまざまな葛藤にのたうち回るのですが、最後に「踏むがいい」というキリストの言葉を聞いて踏んでしまうのです。

この「踏むがいい」という言葉のゆえに、この作家は迫害されたのです。一流の誉れ高いこの作家は、こんな場面にこんなセリフを入れたら、自分がどういうことになるかくらいは、百も承知だったことでしょう。そしてある方面から浴びせられるであろうバッシングの内容など、先刻読み取っていたに違いありません。「ころび」とか人間の弱さを美化して、そこに居座っているとか、殉教者の価値を台無しにしてしまうものであるとか。

それでもこの作家が、この禁断のセリフを書いたのは何のためだったのでしょうか。勝手に推測させていただくならば、それはひと言で言えば、殉教者の精神に倣おうとしたためだったのではないかと思われます。

文字どおりの「すべて」を歌い切って果てた殉教者たちの心は、自分の弱さを認めても、その弱さに居座ることなく、ましてや弱さを頼むようなものではなかったはずです。その心を満たしたのは、そういう人間の強弱などはるかに超えて、とうとう流れ下り「すべて」を包み込む神の恵みの、圧倒的広大さのみだったでしょう。その次元の違う神の恵みの世界を、ちっぽけな人間の強弱とかの思惑で、囲い込んでよいものか。故意か偶然か結果として、あの作家は、そこに強烈な一石を投じることになった、と言えるでしょう。

ただ、あのゴルゴタの丘のイエスさまの十字架と、断罪されがちな第二の強盗の十字架との間には沈黙しかなかったように、あの作家の「沈黙」も、破られてはならなかったのです。それは言葉を絶した沈黙の中でとらえ、そして味わうべきことだったのです。

(三) 沈黙の深み

福音を読むと、イエスさまが、自在に働く神さまの恵みの勝手な囲い込みを、どれほど警戒しておられたかが分かります。

教条主義、掟《おきて》主義に凝り固まった律法学者に対しては、こんな厳しい言葉が語られています。

「律法の専門家たち、あなた方は不幸だ。あなた方は知識の鍵《かぎ》を取り上げ、（神の国に）あなた方自身が入らないばかりか、入ろうとする人々をも妨げてきた」（ルカ11・52参照）と。

さらに、久しぶりに出会った故郷の人々と決裂してまで、自分たちの世界にのみ、神の恵みを独占しようという動きに対して、戦いをいどんでおられるのです（ルカ4・25以下）。

エリヤの時代に起こったことを取り上げ、サレプタという外の世界のやもめのもとに、エリヤは遣わされ、そこに神の恵みが働いたことを指し示されます。

また預言者エリシャの時代には、ハンセン病を患っていたシリアのナアマンという人が、奇跡的に癒やされました。このシリアもイスラエル人が、神さまの恵みの外にあると決めつけていた世界です。

故郷の人々の感情を逆なでするような、こんな当てつけを発言されたものですから、イエスさまはあの小説家以上に、大変なバッシングを受けることになります。

「人々はみな憤《いきどお》り、立ち上がって、イエスを町の外に追い出した。そして、町の建っている山の崖《がけ》まで連れていくと、イエスを突き落とそうとした」（ルカ4・28、29）

というのです。

神の恵みの働き方を、強さ弱さの世界に翻訳したり、その働き場所を限定したりして、分かりやすくしたいという思いは分からないでもありませんが、そこはマザー・テレサ方式に倣い、「そこから先は本人と神さまの間の問題です」という、「委ね」こそ最優先すべきことでしょう。神さまとその人の間には、何人と言えども、立ち入ることを許されない密室があります。これこそ侵すべからざる人間の尊厳です。

そこは無限の深みを持つ沈黙の世界であり、神がその人とだけ独自の装いをもくろむ場です。人間の強弱や優劣、あらゆる教義や掟をはるかに超えた世界であり、人が「人権」と呼ぶものの泉が湧き出るところです。殉教者たちの「絶対にゆずれないもの」とは、まさにそこにあったと思われます。

(四) 超特大のスケールで

二〇〇八年十一月二十四日、三万人の参加者を得て、ペトロ岐部と一八七殉教者の列福式が行われました。

　この列福式において私たちが目指したものは、殉教者たちを特別にヒーロー扱いすることではありませんでした。

　彼らが、命果てるまで歌い切ったと言われる神さまへの賛歌を、共に世界に向かって歌い上げるためでした。「すべての国よ、神をたたえ、すべての民よ、主をほめよ」と。「すべて」は文字どおり「すべて」です。人間の強弱、迫害・被迫害を超え、時を超え、場所を超えて働く、神の恵みの無限をたたえるのです。

　人間のちっぽけな思惑で囲い込むことなく、超特大のスケールですべてのものに働く、神の恵みを歌い上げ得たとき、あの列福式は、これからも大きな意義を持ち続けることになるでしょう。

十　目から「ウロコ」の問題

(一) ウロコ

現代人はメガネの代わりに、コンタクトレンズを付けることがあります。このコンタクトレンズを付けると、焦点が定まり、これまで見えなかったものが見えるようになります。

一方、現代人に限らず、ほとんどの人はその目に付けているものがほかにもあるようです。それは、コンタクトレンズではなく、「ウロコ」と言われるものです。

ウロコはもともと、魚の皮膚などに付いているものですが、どうしたわけか、人間の目にも付いてしまったらしいのです。

コンタクトレンズによく似ているのですが、その効果はまるで違います。ウロコをあらかじめ目から取った後で、コンタクトレンズをはめると、これがいちばん良い処方のように思えるのですが、そう簡単にはいかないようです。

それでは、目からウロコがとれると、私たちの視野はどのように広がり、どこに焦点が定まり、これまで見えなかったどんなものが見えるようになるのでしょうか。

とりあえずある日、魚から一枚のウロコを借りて、メガネをかけるようにして目の前に近づけてみたのですが、確かにすべてがぼやけてしまいました。あわてて遠ざけてみると、ぼやけはたちどころに解消しました。しかしこれまで以上のものが見えたかというと、これもまた確証がありません。

そこでようやく、ウロコとられの元祖である、パウロという人の体験に学ぶ必要がある、ということに気づいた次第です。

(二) パウロのウロコ

その昔、大変な体験をして、目からウロコが落ちた人がいました。その名を「パウロ」と言います。

この人はペトロとともに初代教会の功労者ですが、初めからそうだったわけではありません。というよりも、彼はキリスト者に対して、迫害者の立場にあったのです。ある日彼は、これまでの伝統を無視するけしからん者がいるというので、その人々を逮捕するために、馬に乗って出かけたのでした。

その途中での出来事です。突然光に打たれて落馬し、目が見えなくなってしまったのです。それから三日三晩、闇の中で何も飲まず食わず過ごすほかありませんでした。その後、アナニアという名の預言者の導きによって目が見えるようになります。この時パウロの目から「ウロコのようなものが落ち」(使徒言行録9・18)たのです。

これがパウロのウロコのいわれですが、ウロコが落ちて何が見えるようになったのか、そこが問題です。これを知るためには今一度、彼が落馬して目が見えなくなり、その闇の中で聞いた声のことを、検証してみる必要があります。

彼は地に落ちて、闇の中で一つの声を聞くのです。「サウロ、サウロ、なぜわたしを迫害するのか」(同9・4)と。サウロとはパウロの昔の名前です。

「主よ、あなたはどなたですか」と思わず尋ねると、「わたしはお前が迫害しているイエスである」という答えが返ってきました。

「イエスである」と言われても、彼はそのお方に直接出会ったこともないし、迫害している意識もありませんでした。彼が迫害していたのは、一部の跳ね上がりと思われていた者たちでした。

「私を迫害している」という「わたし」と、直接迫害していた対象との間には、つながりがあるということは分かったにしても、それがどれほどのものか、それこそ目からウロコがとれるまでは、あまりよく見えなかったのです。

この出来事の後、約三年間、彼は人々の間から姿を消していきました。そしておそらくこの出来事を、繰り返し繰り返し味わい、反芻《はんすう》していったのです。

そしてついに、本当の意味で、目からウロコがとれるのです。そして出てきた言葉は、「もはや生きているのは私にあらず」ということでした。

「生きているのは、もはやわたしではなく、キリストこそわたしのうちに生きておられるのです」（ガラテヤ2・20）と。生きているキリスト、それは自分の中に生きており、かつて自分が迫害していた人々の中に生きているキリストでもあります。

そのキリストの生命力が、この世界に満ち満ちているという体験を、どのように伝えたらよいのか。パウロは黙想に黙想を重ねたことでしょう。

（三）「からだ」体験

そしてついにキーワード（鍵となる言葉）にたどりつくのです。それは「からだ」という言葉でした。

体とは生命体のことです。目、耳、鼻、口、手足、そして内臓たちが、それぞれ違った役割を果たしながらつながっています。

命とは、この違いとつながりの全体である、と言えるでしょう。この世界に満ち満ちている生命体としてのキリスト。

このように言葉にしてしまっても、命は説明されているようで説明されてはいません。なぜなら、命は言葉と関わりがありますが、言葉を超えるものでもあるからです。パウロもこの言葉にたどりついてはみたものの、同時に言葉だけでは間に合わないもどかしさを感じていたにちがいないのです。

ここに、目からウロコを落とす作業が、どうしても必要になってくる理由があるのです。

このウロコが目から落ちないと、躍動する命が見えないために、例えば、いたずらに自分の周りに壁を張りめぐらしたりし始めます。

イエス・キリストの満ち満ちる命とは無縁の、人間の知恵が編み出した掟当てはめ作業や、単なる知識としての教義普及作業にのみ精を出すようになり、そのことをもってキリスト教であるなどと主張するようになってくるのです。

かつて自分の手に、指が十本あることに気づくという、驚くべき体験をした人がいました。

爪切った　ゆびが十本ある

爪を切った指をあらためて眺めてみたら、十本あったというのですが、それが何だというのでしょう。そんなこと当たり前であり、特別のことでも何でもありません。「この忙しいのに、のんきなこと言うもんじゃない」と憤慨し始める人も、出てくるかもしれません。

これは尾崎方哉《おざきほうさい》という方の俳句ですが、彼はある日気づいたのです。その当たり前が特別なことであり、特別を通り越し驚嘆すべきことであり、同時に逆説的ではありますが、こんな驚くべきことを、当たり前にしてしまっている人間の偉大さに、さらに驚いたに違いないのです。

十本。多くもなく少なくもなく、そこに備わる指。当たり前の日常の中に入り込んで、事もなげに自分の命と生活を支えていた指。なぜという理由もなく、理屈を超え、人々の反応の如何《いかん》を超え、全身を貫くように、何とも表現しがたい命のマグマが湧き上がってきたとき、この単純極まりない俳句の言葉が、口をついて出てきたのではないでしょうか。

それは同時に、この方の「からだ」体験であり、命の神秘へのみずみずしい気づきであったと言えましょう。目からウロコが落ちたのです。

(四) 砂漠の中に井戸を

いま、社会の中に攻撃性のみが肥大化して、真の安らぎや癒やしが消えていきつつあるようにも見えます。

家庭も学校も教会も、崩れゆく自分たちの姿を見かねて、あるべき姿についての説教や掟づくりには精を出すのですが、それらは人々の真の居場所まで必ずしも届けられてはいないようです。せめて教会だけはそんな世界のささやかなオアシス（砂漠の中の緑地）であるはずなのですが、ここにもまた砂漠がしのび寄りつつあります。

その砂漠をほんの少し掘り下げれば、つまり井戸掘りをすれば、そこに豊かな命の泉が湧いているはずなのですが、そのことへの気づきが欠落しているようです。

教理や掟を学びつつ、さらにもう一つ、ウロコとり作業が必要とされるゆえんです。

十一　立場の問題

(一) 立　場

立場とは立っている場所のことです。人間は二本の足でこの地上のどこかに立っています。

その自分の立場が少しも動かず、常に一カ所であると、そこから見える景色は一つしかありません。

こんな話があります。

ある高い山がありました。この山の一方側に住んでいる人たちは、この山のことを「象山」と呼んでいました。山全体が、象が寝そべっている姿に似ていたからです。ところが反対側の人々は、同じ山のことを「鹿山」と呼んでいました。そこから山を見ると鹿の形をしていたからです。そして互いに相手の立場まで移動することなく、

「象山が本当だ」、「いや鹿山が本当だ」と言い争っていたというわけです。

ではどちらの言い分が正しいのでしょう。それは明確です。どちらの言い分も正しいのです。ただしその正しさは部分的なもので、自分の立場からはそのように見えます、という条件のもとでの正しさにすぎません。

その自分の立場から見た正しさは、正しいにはちがいないのですが、その正しさをもって、他の人の立場からの正しさを排除してはならないのです。

相手の立場まで自分の方から移動し、もし都合がつくなら相手と一緒になって、他の角度まで立場を移し、上から下から横から斜めから、自在な見方を共に求めることになれば、その正しさは、より高度なものになるにちがいありません。

（二）相手の立場

政治の世界でも宗教でも、あるいは他のあらゆる分野で、人それぞれの見方や考え方が違っていて、そこでぶつかり合うことになります。そのことは、人間が自分の立場を超えて、この世のあらゆる立場に同時に立つことができない以上、しかたのないことです。

言葉では簡単に「相手の立場に立って」などときれいごとを言いますが、私たちは相手の立場に立つことなどできないのです。

「ああ言えば、こう言う」の世界で、堂々巡りを繰り返す現代社会のあり様を見れば、それは一目瞭然です。

だからといって、相手の立場に立つ努力を怠ってよいということにはなりませんが、どんなに相手の立場に立とうとしても、究極的にそんなことはできないのだ、ということをよく押さえておかないと、鼻持ちならぬ事態と成り果てます。

「中道」という言葉があります。これは互いに考え方が折り合わないとき、両方の考え方を少しずつ譲り合って中間の考え方に収めて、決着を図ることと解釈されたりします。両方の考え方を加えて2で割るやり方です。つまり落とし所を探すのです。

あるいは玉虫色などと言って、両方の考え方をボカしてあいまいにし、どちらにでも解釈できるようにするのです。するとその話の後、両方は自分たちの立場から、勝手にそのあいまいさを埋め合わせ、話し合いがまとまったかのような錯覚を覚えることになります。よく政治の世界で使われる手法です。

しかし真の「中道」の意味はそういうところにあるのではありません。中道すなわち両者の真ん中、すなわち間を意味すると同時に、物事の中心、難しい言葉で言えば物事の本質ということです。そのものが本来あるべき姿に向かうことです。

相手の立場に立つ努力をしているうちに、どうしても人間は本当の意味で相手の立場に立つことはできないと気づきます。そこで、例えばあの山の話で言えば、相手と共に高い空に上がり、山全体を見ることになるでしょう。

そこからでさえ、やっぱり自分の見方しかできないにしても、立場の移動をすれば、そこから見方がずいぶん変わってくるでしょう。そしてこれまでの見方が変わり、より真実に近づくことになります。こうして、その山全体の姿に到達はできないとしても、少なくとも迫っていくことにはなるのです。

（三）宙ぶらりん

ここで聖書の話に移りましょう。それはイエス・キリストの立場についてです。

イエスさまはどこに立ち、どこからこの世界を見られたのかということです。

その立場あるいは居場所は、私たちが日頃目にしているところにほかなりません。すなわち十字架の上です。人間はたとえどんなに貧しくとも、この地上に自分の二本の足を置く権利ぐらいは持ち合わせています。

しかしイエスさまは、その権利さえ放棄して、天と地の間に宙ぶらりんです。右と左の真ん中に身を置き、しかも両方に大きく手を伸ばしておられます。その両手には、もし、かなうならば地の果てまでも伸ばしたい、という意気込みが感じられます。天でもなく地でもなく、その真ん中。右でもなく左でもなく、その真ん中。これすなわち真実の意味の「中道」そのものです。

ルカによる福音書によれば、十字架上の救いの業のクライマックスにおいて、イエスさまは、二人の犯罪人を左右に抱きかかえていたことになっています。人間はそのあり様を見て、一人は良い強盗、もう一人は悪い強盗などと、勝手な決めつけをして、相変わらず中道を行くことはできませんが、イエスさまはその両方に、手とまなざしを大きく差し伸べておられるのです。

まさしく、「神の国は、実にあなた方の中にある」(ルカ17・21参照)のです。「中」とは両者の真ん中であり、同時にそれは両者の内部の中心点でもあります。その場こそ、二元の世界を超えた神業が作動する場であり、まさしく救いの業が働く現場なのです。

(四) キリストの中道

私たちはこの世界を渡っていく中で「ああ言えばこう言う」の迷い道にさしかかることになります。そして、その先に待っているのは、一種の閉塞の世界であり、荒れ野の状況です。

そこを突破していく道は、自分の立場を少し離れて相手の立場に立ってみることですが、間もなく、それは不可能なことに気づきます。そこで立ち往生するか、それとも先に進むか、実はそこからキリスト道が始まると言えるのではないでしょうか。すなわち「中道」が開けてくるのです。真ん中にある神の国へと続く道が、そこから始まるのです。

人の話をよく聞きなさい、と言われることがあります。それは、中道を知る上で、とても大事なことです。

あまり叱ったり説教したりしてはいけない、ということも言われることがあります。しかしそれも程度もので、叱るべきときは叱り、ときには説教もしなければならないでしょう。

要は、そのようなさまざまな行動を繰り返しつつ、少しずつ中道に向かう努力を積み重ねているかどうかです。

迷わないのが良いのではなく、むしろ宙ぶらりんであることを誇りに思い、両方の考え方、生き方の間でおろおろする自分の立場の、堂々たる揺れ動きを、ベストポジション、つまり自分の最高の居場所と心得る、そんなしたたかな考え方が、自分の中に少しでも目覚めたら、ずいぶんと十字架の神秘を捉えつつある、ということになるでしょう。

一五九七年二月、長崎の西坂の丘で二十六人の方々が殉教しました。日本の教会の初穂、すなわち最初の殉教者たちです

イエスさまと同様、十字架に架けられ、両方から胸を貫かれて自らの命を明け渡したのでした。「すべての国よ、主をたたえ、すべての民よ、主をほめよ」と歌い、口々に「パライソ、パライソ」と叫びつつ……。

パライソとは天国、または神の国のことです。私たちは日頃、「天国に行く」という表現を使い、主の祈りは「み国が来ますように」と祈ります。

二十六聖人は「天国に行く」とも「み国が来た」とも言わず、ただ「パライソ、パライソ」と叫んだのです。

「神の国は、あなた方のその中にある」。まさしく行く天、来る天一体となり、自分たちの真ん中に、神の国が実現した瞬間だったのではないでしょうか。イエス・キリストの立場に立った者の完成の姿です。

十二　意味の問題

(一) 潤《うるお》い

今回は少々湿っぽいお話をさせていただきます。湿っぽいというのは、実は潤いのある話でもあるのです。

ある日、こんな内容の講話をした時のことです。

カトリック教会の「カトリック」とは、今では一教団の名前になっていますが、これは私たちの教会の、四つある特徴の中の一つにすぎないことをお話ししたことがありました。

カトリックとは「普遍」という意味で、普遍とはどこにでも当てはまる、それでいて一つということです。

いろいろな形があるが一つなのです。違っていながら一つなのです。

そのいちばん奥深くの究極のところに、違って一つである神さまご自身がおられます。これが三位一体の神さまです。

父と子と聖霊は本当に違っていながら、本当に一つなのです。この世にこのあり様のコピーはあり得ますが、同じものはありません。

だから、キリスト教は一神教ですが、他を排除するものではありません。違いを本当に大事にするのです。

カトリック教徒とは、自らカトリックになること、つまり普遍的人格づくりに励み、違いつつ一つであるべく、この世と格闘する者のことです。こんなことは人間業ではできないとしても、神の導きのもとでこのことに挑戦していくのです。

こんな調子で話を進めてきて、われながらその話の進み具合にまあまあの満足感を味わっていたのでした。

ここまではよかったのですが、その直後、人間業では無理だけれども、この方々はできるかもしれませんね、と言って具体的な二つの修道会の名前を挙げてしまったのです。

皆さんはそれがユーモア、つまり、話の潤いをねらった言葉であり、冗談であり、戯れの言葉であることは百も承知で、これを聞いた当の修道会の皆さんも、明るく笑い飛ばしてくださったのでした。

ところが講話が終わった後で、名前を挙げなかった別の修道会の方々から猛烈な抗議を受けてしまったのです。どうして自分たちの修道会の名は挙げてくれなかったのかと。

一瞬「しまった」と思いました。そして次の瞬間、なぜ抗議されなければならないのか、どんな失言をしてしまったのかと考えました。しかし、どう考えても思い当たりません。

実はこれは、この修道会の皆さんの高度なユーモアであり、潤い作戦だったのでした。

二つの修道会は名を挙げましたが、三つ目の私たちを無視しては、三位一体は仕上がらないでしょうと、したたかなプライドを内に秘め、自分の修道会の存在を強烈にアピールし、しかも相手を和ませるという、これはまた、あまりにも巧みなユーモアと言わなければなりません。

ユーモアの語源は湿り気、または潤いということです。頭だけを使って理詰めの議論をしていると、次第に周りが渇いてきます。

こんなとき、気のきいたユーモアが入ると周りが和んできます。潤ってくるのです。

それは、世の中のことは理詰めだけで片づくものではありませんよ、という戒めの手法でもあります。

(二) もし

たまたまユーモアのセンスを持ったシスター方だったので、この時は事なきを得たのですが、その後、もしこれがそうでなかったとしたらどうなっただろうかと、心配性の私は考えてしまい、少々寒気を覚えてしまいました。

もし、三位一体のことは誰よりも自分たちが理解していると思い込み、誰よりもその三位一体の神を黙想し、日々その奥義に照らされて自らの生活を築き上げ、そして、何よりもユーモアなどという低次元の話に、いと尊き神の奥義を結び付けるとは言語道断、と考えている方々だったとしたら……。

そして自分の修道会こそ、神の王道を行くものであり、それを評価できない講師であると思い込まれていたとしたら。

現実にはそうでなかったので、それは杞憂《きゆう》にすぎなかったのですが、もし現実だったとしたら、確実に二、三日は眠れないことになったことでしょう。

命の星、地球を離れて、他の天体に行く探査機が探し求めているのは命の気配です。具体的には水があるか、あるいは水があった形跡はないかということです。

今までのところ、命を育む潤いのある形跡は、見つかってはいないようです。

私たちキリスト道を行く者の探査も、本物の命の気配を求めて進められるものであることは、言うまでもありません。

キリスト道を修道しようとして、三つの誓願を宣立することがあります。清貧、貞潔、従順です。そのことによってイエス・キリストこそわが命という道を進みたいという、不退転の覚悟を表明するのです。

ここでまた心配性の虫が頭をもたげてきます。もし従順を盲従と取り違えて、自立性をそぎ落とされたロボットのような人間になったとしたら。すべての人に開かれるための貞潔が、世間嫌いで偏屈で閉ざされた人間製造に手を貸すものとなるとしたら。人と世界を豊かにするための清貧が、いたずらに世の富を糾弾するための紋所にすぎなくなるとしたら。

つまり、それぞれの言葉が独り歩きして、「イエス・キリストの」という一点を忘れてしまうとしたら。

今までのところ、少なくともあの三つの修道会に関する限り、杞憂にすぎないので、悩ましい不眠症からも解放されているということになります。

(三) 第六根

人間の感覚は普通五つあるとされています。目、耳、鼻、口、手足、すなわち視覚、聴覚、嗅覚、味覚、触覚です。

ただこの感覚の分け方は西洋式なのだそうです。東洋では五つではなく六つです。それを六感、または六根と言います。

眼（げん）・耳（に）・鼻（び）・舌（ぜっ）・身（しん）・意（い）です。つまり五感にもう一つ、「意」という聞きなれない感覚が加わっており、これが加わって六感、または六根となります。

ところで「意」という感覚は体のどこに備わっているのでしょう。それはどこという一カ所ではなく、体の内側、外側全体です。ですからこの感覚で捉えると、人は意欲が湧き、意思が固まり、意気盛んになるというわけです。全身が湧き立つのです。

この意は、他の五つの感覚が捉えたものを、もう一度全体として味わいます。これが意という感覚が捉えた味、すなわち「意味」なのです。

ですから、人生の意味にしろ、いろいろな出来事の意味にしろ、それは、個別の感覚が捉えたものをもう一度意で捉え直し、じっくり熟成させたものを言うのです。

それぞれの感覚で捉えたものを、もう一度頭に集めて捉え直すことがあります。そしてその結果、「分かった」という言葉が飛び出すことがあります。

これも一つの方法です。しかし、この方法だけでは、分かっただけで理屈に走ってしまうことになりかねません。時にはへ理屈にさえなってしまいます。

これを意で捉えると意味となり、味となり、潤いが出てきて命が芽生え、意欲が湧いてくるのです。

（四）この味が いいね

〈「この味が いいね」と君が言ったから 七月六日は サラダ記念日〉。これは歌人俵万智さんの一首です。

味覚が捉えたサラダの味は、さらに意味となりました。

すなわち、「意」という全身に供えられた感覚がこの味を捉え、サラダのみならず「君」を捉え、全身にしみわたり、七月六日を生涯の記念すべき日に変えてしまったのでしょう。

あの修道会のシスター方はもしかしたら、三位一体の意味を捉えたのかもしれません。かくして、硬いカトリックではなく、命が潤い匂い立つ、「普遍」の人を身に付けたのかもしれません。

そう言えばあの日は、七月も間近い日だったと記憶しています。

十三　フルネームの問題

（一）付けるべき名

先日宅急便が届き、フルネームでのサインを求められました。無表情に無感動にその求めに応じ、昔から書きなれた名字と名前を書き記したのでした。

すると届けてくれた方も、きわめて事務的にお礼を言い、引き上げて行きました。フルネーム。この私に付けられたすべての名前。訪れる者も少ないこの地方の教会で、贈り物がポツンと残された静寂の中で、ふと考えてしまいました。

フルネーム。この私に付与された名前は、これですべてなのかと。

そして突然、もう一つの大事な名があることに、なぜか気づかされました。それは「ヨハネ」。そう、洗礼名です。霊名とも言います。

これはたぶん霊名のお祝いということで、つい先日、信徒の皆さんから、身に余る贈り物を頂いたからかもしれません。

どこからともなく舞い込んだ宅急便が、ありがたいプレゼントと重なり、フルネームへのこだわりを生み出したのでしょうか。

自分自身に付けたい名は他にいくらでもあります。例えば、「つまずかせ協会理事」、「いい加減会社社長」、「ひとりよがり連盟専務」などなど……。

それらはしかし、その人の性格または行動傾向に付けられた名です。いわば外側に付加された名であり、いわゆるアダ名ということになります。

さて公式にはいくつの名を付ければ、人間にとってフルネームとなるのでしょうか。今までのところ、二つの名すなわち家の名（名字）と個人名（名前）ということになっています。

そういうわけで、洗礼名すなわちクリスチャンネームに代表される、第三の名の復権を目指すべく、ひそかに作戦を練っているところです。

(二) こだわり

なぜこのように、たかが名前にこだわるのかと言えば、そのことが命に関わることだからです。

アダ名は人間の外側から見える性格とか行動傾向に付けられたものであり、特に命に関わるほどのものではありません。

ところが人間の出自に関わるもの、すなわち自分はどこから出て来たのかという、人間そのものの出所を指し示す名ということになると、どうしてもこだわらざるを得ません。

名字は家の名であり、自分が出てきた家庭を意味します。自分の命を宿し、育む命の故郷です。

個人名は、この世界でただ一人しかいないこの自分を、強く意識させます。この自分の命は他の者で代わりができない。つまりかけがえのない命の名なのです。

さて第三の名、すなわち霊名とか洗礼名と呼ばれるものは、ついに市民権を得られないのでしょうか。

確かにこれまでは、この名に社会的権威は与えられていません。しかし、人間はその歴史の中で、この第三の名に挑戦してきたことも確かです。

仏教では「戒名」にこだわります。これは人が亡くなった後に付けられる名です。あるお坊さんによると、キリスト教のように生まれた時に名を付けたいのだが、残念ながら、まだそこまでは至っていないと言います。

俳句の世界では俳号という名もあります。由緒ある名家には屋号というものもあります。

先日お会いした方は、個人名は別にあるのに、「宗哲」という貫禄ある名を持っておられました。

なんでも江戸時代、徳川家に仕えた医師の子孫だということでした。

人間はどうやら、自分の出所を家と自分自身に求めるだけでは我慢ならず、もっと奥のところに求めたいようです。

(三) 人言

国語の勉強のようになって恐縮ですが、「信じる」の「信」という字を分解すると、「人」と「言」が合わさって出来ていることが分かります。

この分解された字を、そのまま縦に並べると「人言」となります。これはすなわち「にんげん」と読めなくもありません。

そうすると人言とは信じるということであり、信じる者こそ人言ということになります。信じるとは何も特別のことではないのです。

確かに私たち人間は人言であって、毎日何かを信じることなしには生きていくことができません。

買い物に行っても散髪に行っても、他の人を信じることができなければ、とうてい出かけることはできないでしょう。

ことに散髪の時、椅子に座り目をつぶり、刃物を持つ者にゆったりと自分のすべてを委ねることは、まさしく信じている姿の典型であり、人言そのものの姿です。

ついでに「言」についても勉強してみましょう。「言」に「葉」を付けると言葉となります。「木」の場合は「木の葉」です。葉っぱだけで生きているのではなく枝・幹・根っことつながって葉はようやく生きるものとなり、輝くものとなります。

さて言の葉の「言」とは何でしょう。これから少々こじつけになります。しかし、このこじつけは聖書的根拠を持つものでもあります。

ヨハネによる福音書はその冒頭で「初めに言《ことば》があった」と宣言し、「言は人となった」(ヨハネ1・14参照）という神秘の言葉を、世に贈りました。「言」は「人」なのです。言を人と見たてると、「口」の上に四つの横棒が重ねられた形が人である、ということになります。

この「口」は何を意味しているのでしょう。これからますますこじつけになりますが、これは人の中に収められた宝箱です。

その中には第三の名が指し示すもの、すなわち神の命とも呼ぶべきものが詰め込まれているのです。少々飛躍しますが、人の奥にあるその宝箱は、クリスマスの「馬小屋」や、復活の墓のように、キリストを宿しています。

あるいは他宗教の方々は、これを他の名で呼ぶでしょう。

この宝箱の上に四段階で重ねられた横棒は何でしょう。

それは多分人生のいろいろな節目ではないでしょうか。人の誕生であり、思春期の個の誕生であり、この世界を超えたものとの出会いであり、そして最後は人が必ず迎えることになる死です。

そんな節目を経験しながら、人はきっと、自分の一番奥まった所にある、宝箱の中からの言葉を聞くのです。

キリスト教の表現で言えば、それはその人の中のキリストの誕生、すなわちクリスマスであり復活です。

その人の中でイエス・キリストが人となり、神の命がよみがえるのです。

よみがえる命に名を付けないというのは、むしろ不自然なことではないでしょうか。

(四) フルネームを

先日、結婚を志す二人がわが家を訪れました。一人はカトリックであり、もう一人はそうではないと言います。

洗礼名は何ですかと問うと、女性の方が「マリア」と答えてくださいました。そこで男性の方に尋ねてみました。あなたのフルネームを教えてください、と。

そうしたら当然のように、名字すなわち家の名と個人名を教えてくださいました。それでフルネームですか、と問うと、そうだ、ということです。

あなたの生涯の伴侶は、洗礼名と家の名と個人名でフルネームのようです。あなたはもう一つの名を付けるつもりはないかと重ねて尋ねてみたのですが、ピンとこない様子でした。

これから、人間は人言であること、すでにあなたは神の命を宿していること、その命は産み落としてこそ名を付けられる、ということなどを、互いに確認し合いたいと思っています。

そして今度宅急便が届いて、フルネームでサインを求められたら、洗礼名を加えた三つの名を記そうと考えています。

なぜなら私の中に息づいている命は、この三つの名で表されるものであり、この三つがそろってはじめて、「フル」すなわち「全部」であるのですから。

十四　首と胴の問題

(一) 首塚・胴塚

大村に首塚・胴塚というキリシタン遺跡があります。これは一六五八年、大村の放《ほう》虎原《こばる》斬罪所においてキリシタン一三一人が処刑され、首と胴に分けて葬られた所です。首と胴体を別々に、南北に五百メートルも離して葬ったのは、キリシタンは再びよみがえるといううわさがあったからです。

この地を訪ねると、当時のたけだけしい迫害者と、神に委ねきった殉教者たちのありし日の姿を思うにつけ、そこに展開されたであろう神のドラマがおのずから迫ってきます。

ドラマは主役と悪役の絡《から》み合いの中で展開していきます。圧倒的に悪役が優勢に見える中で、不謹慎ながら、現代という観客席から観ると、主役である殉教者たちの静かな勝利にも似た姿と、その居丈高《いたけだか》な振る舞いとはうらはらの、悪役たちの悲鳴にも似た呻き声が聞こえてきます。

キリシタンたちはよみがえる。信仰とは縁なき者であったろう迫害者たちは、このことにおびえていました。あたかも敗者のように落ち着きをなくし、勝利を手にしたかに見えた時にもなお念には念を入れて、首と胴体を遠くに引き離したのです。

ではキリシタンたちはよみがえったのでしょうか。もちろん五百メートルも引き離されて、現象的に首と胴がつながるわけがありません。そういう意味では決してよみがえることはなかったのです。

しかしあの郡崩《こおりくず》れから三六〇年を経て、キリシタンをよみがえらせてはならないという、当時の迫害者たちの切なる狙《ねら》いは、皮肉にも今になって成功しているのではないかと思えてきます。

物理的にはもちろん、私たちの首と胴はつながってはいますが、その信仰のあり方において、どうも首すなわち頭と、胴すなわち体とは、バラバラであるように思われてならないからです。

(二) パパラギ

『パパラギ』という本の日本語版に出会ったのは昨年夏のことでした。パパラギとは、南太平洋のサモア島の言葉でヨーロッパ人を指します。

今から一〇〇年近くも前に書かれた本なのに、あまりにも新鮮な味わいをもたらしてくれるこの本の内容は、同時にあまりにも発達した現代社会の息苦しさを、浮き彫りにしてもいます。

サモアの首長ツイアビの講話をまとめたものなのですが、私たちが今、ついに失ってしまったと思われるものを、鋭く突きつけてくれます。

例えば、こんな言葉があります。「彼らは切れ目もなく考え続けなければならない。考えることではなく体全体を使って活動することが難しくなってしまい、頭だけで生きていて身体のすべての感覚をすっかり眠りこませていることも珍しくない」と。

美しく輝く太陽を見ても、パパラギたちは頭で考えてしまうのだというわけです。

「これは間違いだ。大間違いだ。ばかげている。なぜなら日が照れば何も考えないのがずうっといい。賢いサモア人なら、暖かい光の中で手足を伸ばし、何も考えない。

頭だけでなく、手足を伸ばし、腿も腹もからだ全体で光を楽しむ。皮膚や手足に考えさせる。頭とは方法が違うにしても、皮膚だって手足だって考えるのだ」と。

皮膚だって手足だって考えるのだと言われても、現代人には何がなんだか分からないでしょう。しかし太陽の光をこれほどまでに全身に浴びて、これを吸い込み、その中でまどろむ生き方は、とてもうらやましくなります。

私たちは、太陽の圧倒的エネルギーと光でさえ頭で捉え、ともすればその光の中に、すべてを投げ出して憩うことを忘れてしまいがちです。

この延長線上で、この首長は、かつての宣教師たちを批判するのです。

「彼らは神の言葉を運んで来てくれた。そうそのとおり。だが彼ら自身は神の言葉も教えも理解してはいなかった。口と頭では分かっていたが、からだでは分かっていなかった。光は彼らの心の底までは届いてはいなかった。だから照り返す光もなく、彼らの行く先々のすべてが光の中で本当に輝くこともなかった」と。

私たちはこれほどまでに鋭く、かつての宣教師たちを批判することなどできません。しかしこの批判は、今の私たちにも向けられているということを、完全に否定することもできません。

この首長とその仲間たちのように、神さまの前に長々と両手を伸ばし、全身でその恵みを吸い取ることができているとは、とても言えないからです。

聖体を食べて、わが身にキリストを宿しつつ、口で他者を非難し、頭で排除の論理を組み立てるのに忙しいからです。

三位一体の教義は知っていますが、三位一体が指し示す絶妙な共同体を造ることには、ほとんど無関心だからです。

神が人間になったという受肉の奥義を教義としては知っていますが、本当に人間味のある人間になろうとしているのか、はなはだ疑問です。

教義理解という頭の作業はしますが、胴体は遠く離れてしまっているかに見えます。もしかしたらその離れ具合は大村の首塚・胴塚の五百メートルより遠いかもしれません。

(三) 掟

主日すなわち日曜日に教会に行き、ミサにあずかることは、掟《おきて》となっています。

掟を前にして私たちは、三つの選択肢を与えられていると考えています。それは、掟に従うか、これに背くか、埋め合わせるかということです。

埋め合わせとは、教会に行けない代わりに幾らかの祈りをすることであり、これを実行し、掟を十分に守れなくても、一応守ったことになるというわけです。

ですから、掟は守るか、破るか、埋め合わせるか、この三つの態度を人々に要求する、と私たちは考えます。ただ、あの南方のツイアビ首長は、それは大間違いだと非難するにちがいありません。

守るか守らないかとか、守ったらこうなるとか、破ったらどうなるとか、そんなのはパパラギ（現代人）たちが陥ってしまった取引の闇にすぎない。こうして人間は神さまとの途方もない知恵比べをして、延々と法の抜け穴探しに狂奔《きょうほん》することになると。

いろいろ理屈をこね回すことをやめ、目をつぶり手足を伸ばして、イエス・キリストの復活の命にどっぷりとつかること、これがすべてだと主張するでしょう。

(四) 巡　礼

小・中学生と一緒に、汗だくになって大村の殉教地を巡礼したのは、つい昨年の夏のことでした。

そしてその殉教の壮絶さに打たれると同時に、迫害者たちもまた、どうしようもなくおびえていたのだという思いに駆られたのでした。

首塚・胴塚を五百メートルも離し、念には念を入れてその命のよみがえりを防ごうとしたのです。その試みは成功したのでしょうか。

一八六五年、いわゆる信徒発見によって、歴史の表面においては信仰の復活は成し遂げられました。

しかし、時を経た今、その信仰の体質面においては少々心もとないものがあります。それは首長ツイアビの非難を、完全に退けきれない部分があることを認めないわけにはいかないからです。

難しい言葉で恐縮ですが、頭の作業である教条主義、律法主義を抜け出て、首と胴をつなぐことができるかどうか。

もしかしたら大村の殉教地のみならず、南太平洋のサモアへの巡礼が、今こそ必要なのかもしれない、と思う今日この頃です。

十五　命の温度の問題

(一) 人間への流れ

医師の卵だという一人の女子学生がわが家を訪れて、さまざまな話をして帰っていきました。

自分の母はカトリックなのだが、自分はまったく宗教というものに興味がなかったこと、たまたま医師を目指す立場となって、人間の体のみならず、そもそも人間とは何なのか、関心が湧いてきたこと、病気を治すことを目指してはいるが、勉強すればするほど、とてもそんなことはできそうにないことが分かってきたことなどなど。

教会になぜ足が向いたのか、自分でも不思議だが、強いて理由を求めれば、それは母の存在と人間の奥に潜んでいるらしい驚異的な自然治癒力だというのです。

天国とか極楽とか、この世離れしたものには興味ないが、人間の中にある神がかった治る力には興味津々《しんしん》だというのです。

彼女の真摯《しんし》な話をうかがいながら、宗教界も医療界も世界もまったく同じ方向をたどりつつあるのだという思いを確認させられたのでした。

それは、宗教も宗教家が授けるものではなく、人間の中にすでに居られる神さまをその人と共に探し、その力を最大限に発揮していただくものであるということです。人間にはもともと自然治癒力ならぬ、いわば自然宗教力ともいうべきものが備わっており、これを引き出すことこそ宗教の最大の関心事であるはずだからです。

それは、少し難しいキリスト教の表現を用いるとすれば、神が人となってこの世界に来られたというクリスマスの神秘が、極めてゆっくりではあるが決して引き返すことのない氷河の流れのように、着々と進みつつあると言えるのではないでしょうか。

人間はようやく人間への道をたどりつつある、実はその流れこそ神さまへの道なのだ、という筋立てが通じそうな感度の持ち主に久しぶりに出会った思いでした。

（二）命の温度

彼女が医師の卵であるせいか、いつしか話は卵の孵化《ふか》温度の話に移っていました。

卵は三十八度で均等に温めていくと、二十一日目にみごとに孵化します。親鳥は本能的にこの命の温度を知っており、昼も夜も卵を抱き続けるのです。

ただ抱いていればよいというものではありません。卵の表面を巧みに回転させながらほんの少しのムラもなく、命の温度を加えていくのです。

ここまで話した時、さすがに感度鋭い彼女は、すぐに反応してくれました。主に食の間違いから来る日本人の低体温化は非常に深刻であること、そのためにさまざまな病の症状が現れ、しかも高度な検査でも何にも異常が見つからないことが非常に多いというのです。

薬はあたかも弾丸のように、体の悪い部分に飛んで行って、そこを攻撃します。しかし同時に周りの健常な細胞も破壊するので、これが副作用というものです。しかも薬が治すのではなく、薬が痛みを抑えたり患部を破壊している間に自然治癒力が働くよう、条件を整えるだけだというのです。

こうなってくると、何のことはない、医師の卵である彼女は、すでに孵化してしまっていることを認めないわけにはいきません。

現代の医療では検査力は非常に発達していて、一人ひとりの病状は手に取るように分かるのですが、データとは向かい合うものの人間との向かい合いが不足していて、さまざまなトラブルが起こっているのだというのです。

ただ、「プラシーボ」（疑似効果）というものがあって、本当は効能があるはずもないものが、効くと信じて飲むと本当に効能が現れるのを目にすると、人間の不思議と底知れぬ力に圧倒されるというわけです。

そして彼女は言うのです。宗教とは人間の構造の奥深い解明に取り組む分野だと思うが、こんな問題にどのような答えを見いだしているのかと、人間を孵化させる温度はどの辺りにあるのかと。

象徴的かつ抽象的表現で恐縮ですが、「地熱」、これが命の温度です。熱過ぎず冷たくもなく、かと言って、単に温かいだけでもなく、その時々にすべての生き物を生かす温度を伝えてくれます。

(三) 地　熱

ただ一種類の木を育てるのではありません。人間が雑木とか雑草と呼んで差別している木も草も、それぞれ種類の違う虫たちも、決して無視することなく、一様に命の温度を伝えていくのです。

しかもそれぞれの違いを厳粛に尊重し大事にするだけではなく、その違っているものたちをみごとに結び付けているのです。

命の温度はどこから来るのでしょう。それは大地の中心である地核から来ます。大地の奥の温度は人間の手の及ぶものではありませんが、その源泉から大地は命の温度をくみ取り、地上の命を育みます。

人間の命の温度も地核ならぬ人間の核である人格から来ます。人格とはその人と神さまが出会う何者も侵すことのできない密室です。

大地が違うものを違いつつ結び付けるように、人間の核から生ずる神さまの熱も、一人ひとり違う人々を違いつつ結び付けます。

ここから話は核問題というとんでもない分野に飛んでしまいました。私たちは核兵器廃絶を叫び、核実験反対運動を進めなければなりません。なぜならそれはこの世界に死のみをもたらすものだからです。

しかし、人間の核である人格に関しては、核実験ならぬ人格実験を進めねばなりません。なぜならそれによって命の温度を捉えることができるからです。

「ヤマアラシジレンマ」という言葉があります。ある日二匹のヤマアラシが、寒いので互いに身を寄せ合って温め合おうとしました。ところが互いの体に付いた針がちくちく刺さって痛くてたまりません。そこでまた離れていくと、今度はどうにもならない寒さに悩まされます。こうして、二匹はくっついたり離れたりを繰り返しながら、少しずつほどよい距離を覚えていくというわけです。その距離はまさしく命の温度が伝わる距離であり、互いがいちばん生かし合う距離ということになりましょう。

こんな話に彼女は正直とまどっている様子でした。無理もありません。もっともらしくはあるが、これでは答えというより、むしろ問題提起でしかありません。

それでも彼女は命の温度を探すべく、明るい笑顔を残して帰って行きました。

（四）孵化温度を求めて

彼女が帰ってから、ついつい物思いにふけってしまいました。

とは言うものの、わが教会は命の孵化温度を捉えるべく努めているのだろうかと。律法主義のもと、戒律厳しい雰囲気は、形を整えるのには適していても、人々を凍えさせます。薬が弾丸のように患部を攻撃すると同時に、健常な細胞をも壊して副作用を起こすように、掟も即効効果はある程度見込めても、命の温度を奪おうという副作用をもたらします。

原理主義の熱心さは、どこかの過激派のように、熱過ぎて、命どころか差別と死を生み出します。

教義は大事なものではありますが、それは人の知恵という人工添加物を加えたものです。純粋な神さまのみ言葉とはおのずから異なるものです。それだけでは心の低体温化を免れることはできないでしょう。

今年も命の孵化温度を探す季節である復活節がやって来ました。どこかでゆで卵ではなく、生卵でもなく、絶妙の孵化温度で温められた復活の卵が振る舞われるなんてことにはならないでしょうが、夢だけは持ち続けたいと思っています。

もしかしたらその夢は、彼女のような、孵化温度ならぬイエス・キリストの復活温度を、その核に宿した者との出会いによってかなえられるのかもしれません。

十六　合わせ技の問題

(一) 合わせ技・重ね技

柔道の試合の判定の仕方に「合わせ技」と言われるものがあります。誰の目にも鮮やかな、はっきりと判別できる決め技ではないのですが、確かに「技あり」と認められるものが何回かあって、それらが合わさって、一つ格上の技として判定されるものです。

引っ込み思案で小心な私などは、目立たないチマチマした日常の技を重ね合わせて、最後に一人前の技として認められたら、もっとやる気が湧いてくるかもしれないな、と思ったりもします。

ところが柔道にはもっと高度な「合わせ技」があるのだそうです。合わせ技と言うより「重ね技」とも言うべきもので、その判定を下すことができるためには、よほど磨かれた目を持つ審判でなければならないのだとか。

「押せば引き、引けば押せ」と言われるように、もともと柔道とは合わせ技が基本なのだそうですが、ぎりぎりの勝負の瞬間、技が掛けられ、敗れたように見えたのに、その仕掛けられた技に重ねるように、目にも止まらぬ早技を逆に仕掛けるというのです。

アテネオリンピックで日本の選手がこの技を放ったのですが、外国人の審判は、これを見抜くことができなかったそうです。結果として負けの判定を下されてしまいました。

門外漢の私にはその辺の詳しい事情は分かりかねますが、このことに触発されて、「福音的合わせ技」ともいうべき高度な技が示されていることに思い至ったというわけです。

「だれかがあなたの右の頬《ほお》を打つなら、左の頬をも向けなさい」（マタイ5・39）。

この福音の言葉は、ともすれば、何の抵抗もしないひ弱なキリスト者のイメージをつくり上げかねないものです。

非暴力ということでは確かにそうなのですが、単なる無抵抗ではありません。「左の頬をも向ける」のです。

バシッと鋭い技が仕掛けられたら、バシッと右の頬で受け止め、次の瞬間、左の頬を向ける。これは高度な合わせ技なのです。

加えられた一撃はいわれなきものであるかもしれません。あるいは両者の深層に言い難いいわれを含んだものかもしれません。

いずれにせよ、これほど激しく関わってきたからには、その一撃には、良くも悪くもその人の思いが込められているのです。

バシッときたその瞬間に、そのさまざまな思いも受け止め、ほかの頬をも向けてこちらの思いを重ね合わせようというのですから、これほどの高度な技はありません。とは言いながら、その判定にはかなりの審判力を要することも確かですが……。

(二) 放たれたある合わせ技

かつてこの高度な合わせ技を見破ろうと試みた方がいました。あるいはご記憶の方もおられるかもしれません。一九七〇年代の終わり頃から八〇年代の初めにかけて、

「イエスの方舟《はこぶね》」事件として話題になったことがありました。千石剛賢《せんごくたけよし》という方が主宰する聖書勉強会に共感する人たちが集まり、共同生活をするようになりました。その中に家庭に居場所がないと感じていた若い独身女性たちがいたために、カルト教団としてメディアにも取り上げられ、激しいバッシングを受けたのでした。

そもそも、なぜ彼が自前の聖書勉強会を始めたかというその動機が、まさにこの聖書の合わせ技の下りだったというのです。

ある日彼が町を歩いていると、たまたま向こうから自分が通っている教会の牧師がやって来ました。日頃から聖書の捉え方に物足りなさを感じていた彼は、いきなりその牧師の頬を殴ってしまったのです。そうしたら「何をする！」というわけで、こっぴどく殴り返されてしまいました。

そこで彼は即座にこれは偽者だと判断して、自分で聖書の本物の読み方を求めて勉強会を始めたというわけです。

これほどに厳密な審判を下されては、この牧師の方もお気の毒な気がしますが、その後、彼は本気で聖書の合わせ技に取り組んだ形跡がうかがわれます。

ほとんどのメディアがバッシングを展開した中で、ただ一社だけが冷静な分析を進めていました。世の常識という基準から眺め、かなりの先入観から判断してしまう雰囲気の中で、命への繊細さを失いつつある社会に、一石を投じようとしている小さな共同体の動きに、目を留めた者がいたのです。

その後、大工仕事で生活の糧を得ながら、女性たちは博多で「シオンの娘」というクラブを経営し、酒も出すが人生相談も行う、という合わせ技を築き上げていくのです。

文字どおり「主（酒）は皆さんとともに」、主と酒のみごとな合わせ技というほかありません。二〇〇一年に「おっちゃん」こと千石剛賢が亡くなった後も、社会の隅っこで苦しむ方々の「駆け込み寺」的な活動を続けているという。

この小さな集団についてはいろいろな評価があるでしょう。評論家としてのさまざまな意見はともかく、聖書という神のみ言葉を真に受けて、これを土台として、人間に寄り添うという実践に至った彼らの歩みは、一定の評価に値すると言えるのではないでしょうか。

それよりも、いま提案されている聖書を土台とした小共同体づくりなど、何か冷ややかな目で見られかねない現状を見るにつけ、この方々の試みは、むしろこれから長い期間をかけて切り開くべき、教会の歩みの、何者かがひそかに仕掛けた「さきがけ」ではなかったかとさえ思われてきます。

かなりの審判力を要する技ではありますが……。

（三）技あり？

「敵が攻めてきても、何もせず指をくわえて黙って見ていろと言うのか」。これは国際紛争の解決策としての武力の放棄を定めた、憲法九条についての議論でよく出てくる意見です。だから相当の武装を整えねばならないというのです。とても筋の通った考え方です。

これに対してこの憲法九条を世界の宝として、絶対に守らねばならぬという主張の方々がいます。この憲法のおかげで、日本は戦後戦争に巻き込まれずに済んだのだ。剣を持つものは剣で滅びると。

他にも、より高度な武力を持つことによる「抑止力」など、さまざまな筋立ての議論があります。だからそれぞれの主張を技と呼ぶなら、「技あり」という判定を下せるところまでは来ているのです。

ところで、武装論者も無抵抗論者も自分たちの意見が、必ずしも「一本技」の決め技とは思っていないはずです。

個人ならともかく国と国のレベルで、外国部隊に頬を殴られて他の頬も向けて、解決できるほど単純な問題とは誰も考えていないでしょう。

自分の国は自分で守らずに誰が守るのだ。そう主張して武器を整えても、たとえ核兵器を持ったとしても、いえ核兵器を持ち、それを使った瞬間に、敵も味方も勝者も敗者も滅び去るということは、そう主張する彼ら自身が痛いほど分かっていることなのです。

非武装を主張する方々は、自国を守るために、迫りくる戦車と弾丸に素手で立ち向かう覚悟を持ったとしても、いざとなれば簡単に踏みにじられることは痛いほど分かっているのです。

問題は、どちらも「技あり」ではあるが決め技ではない、その悲しみと無念と無力さに涙しながら、自らの主張に殉ずるのかどうかです。

バシッと両者が批判し合い主張し合うことは、とても意義のあることなのですが、同時にその主張の限界と悲しみを、涙しながら打たれた頬の反対側で受け止めることができたら、単なる安易な妥協ではない、みごとな合わせ技、もしくは重ね技として判定される領域に達する道が開けるのかもしれません。

（四）究極の合わせ技

「母ちゃんのバカ！　死ね！」。わが子の呪いとも聞こえるこんな叫びを、額面どおりに聞く母親はいないでしょう。母のぬくもりに飢えています。助けて！という悲鳴として受け止めるのではないでしょうか。

ある日、愛あふれる母親の方々にこんな悟ったようなお話をしたら、とんでもない、親に向かってなんてことを！と言ってぶん殴ってやります、という反応が返ってきました。

しかしその顔は言葉とは裏腹に、とてもおおらかな愛情に満ちて見えました。愛のムチと単なる暴力の見分けもできなくなっている昨今、かなりの合わせ技を体得された方々だなと思いました。

言うまでもなく、究極の合わせ技は十字架にあります。天と地、右と左を完璧に合わせた基本形から繰り出される、聖書の高度な合わせ技、そしてその究極にある重ね技を学んでみたいものです。

十七　傷の問題

（一）無　傷

先日、中学生の「稽古《けいこ》」（教会学校）の時間に、新約聖書ヨハネによる福音書二十章の、トマスと呼ばれる弟子の話について、学ぶこととなりました。

この弟子がこともあろうに、十字架にかかって亡くなったイエスさまが復活したというが、自分はその傷に直接触れてみなければ信じないと言いだしたのです。

数日後、イエスさまがお現れになってトマスに言われました。

「あなたの指をここに当てて、わたしの手を見なさい。また、あなたの手を伸ばし、わたしのわき腹に入れなさい。信じない者ではなく、信じる者になりなさい」（ヨハネ20・27）と。

トマスはとここに至って「わたしの主、わたしの神よ」と答えて、信じる者となったという話なのです。

中学生たちに、「さて、トマスさんは実際にイエスさまの傷に触れたと思うか」と発問してみました。すると、「触れなかったと思います」という答えが返ってきました。「では何に触れたと思うか」と尋ねると、「心に触れたと思います」という返事です。

確かに、トマスさんがいかに厚かましくても、自分の指をイエスさまの傷に直接入れることなどできなかったでしょう。指を使って実際に傷に触れることはなかったけれども、その心に触れたのは事実だと思います。

いささか誘導尋問的ではありましたが、中学生の学びとしては、ここまでで十分というところでしょうか。

トマスさんが他に触れたものがあるとすれば、自分の無傷に触れたと言えるのではないでしょうか。満身創痍《まんしんそうい》のイエスさまを見て、自分を振り返り、イエスさまの仲間だと言いながら、何ら手を汚すことなく、単に頭の一部で、理屈をこね回していたにすぎない自分に気づいたのだと思います。あらかじめ自分を安全地帯に置いて、痛くも痒《かゆ》くもないところから、他の人の傷について、あたかも権威ある者のごとく論評してしまうのです。

そして彼は、他人の傷に触れるとはどういうことであるか、についても学んだのではないでしょうか。傷に触れるとは傷を暴《あば》いて放置することではなく、同時に癒やそうとすることであるということを。

(二) 人　権

近頃、やたらと「人権」という言葉を聞くようになりました。

人権侵害とか人権意識などと重ねて言われることが多く、これに関わると、大抵の場合、厄介な泥試合に陥ることがあり、敬遠される問題でもあるようです。

人権とは人の権利ということですが、分かったようで分からない言葉でもあります。もしこのことを言い換えるとすれば、人が不当に傷つけられることなく生きていく権利とも言えるのではないでしょうか。

これで少し分かりやすくなったかと思いますが、それでもまだ、はっきりしないことも事実です。

と言うのは、他人から傷つけられずに生きることなど当たり前のことで、どうしてそんなことを権利として、ことさらに強調しなければならないのかという思いが湧いてくるからです。

まさしくそうなのです。こんなことは当たり前のことであり、ことさらにこれを権利として主張する必要など、さらさらないのです。

それなのに今、やたらと「人権」が叫ばれるというのは、当たり前などと言ってはいられない、不健全な社会状況が生まれつつあるということでしょう。

そうだとすれば、トマスさんの問題は同時に現代の問題ということになり、そして現代の教会の問題でもあるということにもなってきます。

(三) ヴァーチャル

先日、小・中学生の保護者会が開かれた折、ついうっかり、今どきとうてい通用するはずもないことを発言してしまいました。

子どもたちが毎回、親が運転する車で送ってもらわなければ、「稽古」に来られない状況はおかしいのではないかという疑問を投げかけてしまったのです。

そうしたら、今どきそんなことを言っても通用しない、不審者に襲われたらどうするのか、特にこの辺ではイノシシに襲われる危険がある、誰が責任をとるのかという、イノシシ問題を除いては、およそ予想された返事が返ってきました。

形勢不利な中で、性懲《しょうこ》りもなくさらに通用しそうもないことを言ってしまいました。

よく考えてみましょう。皆さんが今言っていることは人権侵害の状況なのです。天下の公道は人間が造ったものであり、まずは人間が堂々とその足で、何の不安もなく歩いていいものである。その権利が、たかがイノシシに奪われつつある。

周囲の豊かな自然、そこに漂う澄み切った空気もイノシシに少しは分けてやってもよいが、これを味わう権利は、まず人間に与えられている。それなのに、あわれにも車という排気ガスに満ちた箱に詰め込まれて、その権利を奪われてしまったのである。

こんな発言が今どき通用するわけもありませんが、今の世に人間が次第に世界の片隅に追いやられて、次第に萎縮し、代わりに動物が人間世界を侵しつつあるというのも否定できない事実です。元をただせば人間のせいではありますが……。

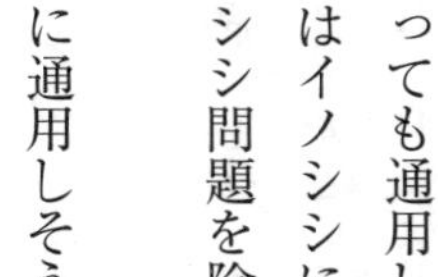

そこで、人間よ、立ち上がれ、少なくともこの侵害された状況を嘆き悔しがろうではないかと訴えたのですが、無駄な抵抗でした。これではイノシシの思うつぼです。

このような広い意味の人権侵害の延長線上に、本物の人権侵害が現れてきていると思われてなりません。

ときどき教会の掲示板などにも「バカ！　死ね！」などという、昔なら考えられないような落書きがなされることがあります。どこかの教会か学校で、これに個人の名前が書かれていて、大問題になったという話がありますが、問題になるだけまだましなのかもしれません。そんなことは世の中にあふれていて、感覚がマヒして問題にもならないことも多いらしいのです。

車という箱に囲い込まれて、直接大自然を味わうことができなくなったように、人間の言葉も、実態とはかけ離れた画面とかネットとか紙の中だけに囲い込まれてしまったようです。

こんな凶器の言葉だって、実際には痛くも痒くもない画面の中から仕入れられたものので、ゲームのように遊び心で書きなぐったというのが真相でしょう。

傷は画面ではありません。血したたり、身をよじるようにして発せられる泣き叫びの世界です。

キリスト者である私もときどき、信仰的教養に満ちあふれて、人権が損なわれたような個々のケースにおいてさえ、「許し合いなさい。イエスさまは許しなさいと言っておられる」などと、揺るぎなき教義を口走ることがあります。

それだけ聞くと、まことにもっともらしいことなのですが、それは、その人の受けた傷を十分に診断した上での言葉なのか、それとも単に教典から借りてきただけの言葉なのか、ことによっては傷つけられた者の傷は暴かれたままに放置することにもなりかねません。

その教義も戒律も実態とかけ離れた画面の中、つまりヴァーチャル世界に囲い込まれていたということにも。

（四）気づきの歌

物事を現実の傷から始めようとしたトマスさんの方向性は、間違っていなかったと思います。「わが主、わが神よ」と言ってひざまずいたとき、信じる者のこの方向性は、トマスさんにおいては完結しました。

上から目線という安全地帯から、きれいな教義や掟を口走って、それだけで物事を済ませてしまうことがあるとすれば、トマス的方向転換はまだまだ不十分ということになります。

このことに気づいてほしいという何者かの意図なのかどうか、一つの気づきのための典礼聖歌（四〇〇番）が用意されています。

「小さな人びとの一人ひとりを見守ろう　一人ひとりの中にキリストはいる。貧しい人が飢えている　貧しい人が渇いている……」。

さて、あなたはこの歌をいい気持ちで陶酔しながら歌いますか。それとも「何か違和感」を感じますか。

十八　奇跡の問題

(一) ルルド

ルルドと言えば、年間百万人もの人々が訪れる有名な巡礼地です。病を得た人もそうでない人も、この地に何らかの癒やしを求めて赴くのです。

今は片づけられているそうですが、かつてはベルナデッタに聖母マリアが現れたという洞窟には、多くの松葉づえが吊るされていました。

それは病そのものが奇跡的に癒やされ、もはや不要となったので置いて行かれたのではなく、そのほとんどは癒やされなかった方々のものなのだそうです。

せっかく来たのに病が治らず、自暴自棄になってつえを投げ捨てて帰ったのでは、もちろんありません。

この地に赴いてなぜかは分からないけれども、もはや病が治るか治らないかなど、どうでもいいことになったのではないでしょうか。

病気が治るか治らないか、健康であるか健康でないか、この二つの世界を超えることができたということではないでしょうか。

私たちは、奇跡と言うとき、病が癒やされるとか、体が宙に浮くとか、死人がよみがえるとか、いわゆる超常現象の事だと考えます。

そして公式にはそのようなことを奇跡と言っているのも事実です。

ルルドで奇跡的癒やしが起こったという場合でも、現代の医学の粋を集めて厳密に検証し、科学的にはどうにも説明がつかないという場合に、奇跡として認められる場合があります。

しかしルルドの巡礼地としての偉大さは、そのような奇跡が起こるというところにだけあるのではありません。

感謝の賛歌を口ずさみつつ帰って行くのは、病そのものは癒やされなかった方々がほとんどだというのです。

唯一の自分の支えとも頼るつえを、感謝のしるしとして残して、一体何を支えにしようというのでしょうか。

(二) 新たなつえ

彼は先年列福された一八八殉教者の取り次ぎによる奇跡的治癒を願っていました。しかし去る九月、一年間の闘病というより、一年という最後の時を、表面上淡々と過ごして旅立って行きました。

この一年の間に奇跡は起こったのか起こらなかったのか。病が癒やされ、後十年二十年生きながらえるという奇跡は起こらなかったということになります。したがって一八八福者が聖人となるために必要と言われる奇跡はなかったということになります。

昨年の九月のことでした。恒例の司祭団のソフトボール大会が企画されて、その準備などいろいろ話し合っていた頃のことです。

責任者の司祭が自分は参加できないと言う。病院に検査に行かねばならないと言うのです。

重篤な病が潜んでいるぞ、などとからかっていたのは、彼がまだ還暦をわずかに越えた年齢であるし、至って元気な様子だったからです。

精密な検査の結果、自分の病が容易ならざるものであること、治療をしても確実な結果は保証できないことを知った彼は、すべてを受け入れ、治療を断念しました。人は必ず一度は死を迎えねばなりません。寿命という言葉があるように、誰が見ても仕方のない死というものもあります。

しかし、まだまだこの世でなすべきことが多くあり、多くの可能性を残して、その後のすべてが遮断されることは、容易に受け入れることのできることではありません。来年の春の桜は見ることはできないらしい。他人事のように言う彼は、内面では大変な葛藤を覚えつつも、きわめて気丈に振る舞っていました。

死を前にして生きる者に直接向かい合うと、まともに目を合わせるのもためらわれる中で、彼は逆に自分を見舞いに訪れる者にくつろぎをさえ味わわせるほどに、ごく普通に過ごしている様子でした。

そしていつしか、司祭たちは見舞いに行って最初の声かけを「励ましてもらいに来ました」と言うようになっていました。

励ましは、すなわち支えであり、つえであります。健常者が病者を励ますというより病者が健常者を励ましていたのです。

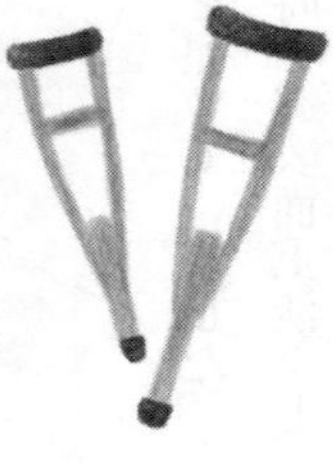

病気の癒やしとは別の高度の癒やしが働いていたと思われてなりません。彼は不治の病を得て自分を支え、そして他の人々を支えることのできる新たなつえを、ついに手に入れたのかもしれません。

あの多くのルルド巡礼者たちがそうであったように。

(三) 生死を超える

教会内の身内話になってしまい、カトリックでない読者の方々には大変恐縮ですが、彼の病と時を同じくして、二人の同級生が高位聖職である司教職に就くことになりました。

偶然と言えば偶然であり、特にとり立てて言うべきことではないかもしれませんが、感慨深いものがあることも事実です。

何か抗しがたい思いに駆られて、ある会合で、彼を病床で司教に叙階してはと主張したことがあります。もちろんかなえられることでもないし、残念だが予想される彼の死去を司教と語呂合わせしようとした、いくらかの不謹慎な面もなかったわけではありません。

一人は死去、二人は司教。偶然にもこの両者の間に死と生という超えられない隔たりが生じてしまったかに見えます。

何か抗しがたい思いというのは、この死と生は隔たりでも淵《ふち》でもなく、一連の出来事ではないかということです。

話は横道にそれますが、あの楽園のアダムとエバが善悪を知る木の実を食べて以来、私たち人間は善と悪をはじめ、二つの世界に引き裂かれて、果てしない放浪を繰り返すこととなってしまいました。

敵と味方、戦争と平和、差別と被差別、楽しみと苦しみ、健康と病気、そして究極の引き裂かれが生と死です。この絶対的二元対立の世界を乗り越えた者は、そうそう居ないようです。

どちらか一方にいるか、そう思い込んでいるか、あるいは両方の間を右往左往しています。

病を得て、その病に打ち勝つべくありとあらゆる努力をします。しかしもし、あるいはその病が治るか治らないか、その両方に何のこだわりもなく、生き生きと生きていける境地に達したとしたら、それは病を治したのではないけれども、病を乗り越えたと言えるのではないでしょうか。

生と死を前にした時、人は断固として生を選び取りたいと思うでしょう。死を免れないと知った時、もしかしたら気も狂わんばかりの動揺を示すかもしれません。あるいは完全に絶望し、生きていながらすでに死んでいるかのような鬱《うつ》の状態に陥るかもしれません。

しかし、もし生きることと死ぬことに何のこだわりもなくなり、最後まで生き生きと過ごすことができるとしたら、それはもう、生と死の境を超えたということになりましょう。

(四)奇　跡

死去する者、司教になる者、生と死に分かれてしまったあの同級生たちは、自分たちの生と死を超えることができたのでしょうか。

それは余人が勝手に判断することではないかもしれません。

しかし彼ら三人の同級生はもとより、私たちキリスト者は復活者キリストをわが身に帯びて生きている者であります。

ルルドの一見治らなかった者、殉教者の取り次ぎによっても、病そのものは治らなかった者、奇跡はついに起こらなかったのか。

この方々が、死を受け入れつつ復活者を身に帯び、あるいは生きながらえて復活者を身に付けて、自分たちの生死を超えて行ったとすれば、それはすでに殉教であり、証しであり、奇跡そのものであった、と言えるのではないでしょうか。

十九　「タイタニック」の問題

（一）ひしめく節目たち

竹という植物は伸びるのは早いのですが、それは中が空っぽになっているせいでもあるらしい。全部を埋め合わせる必要がないというわけです。

その代わり、ちょっとした風にもねじれたり倒れたりする危険があります。

それでは困るので竹は節目を付けながら、上へ上へと伸びていきます。

一般の読者の方々には恐縮ですが、今カトリック界はさまざまな節目にあふれています。

まず、今年（二〇二二年）は日本二十六聖人列聖一五〇周年に当たります。一五九七年二月、宣教師、子どもを含む信者二十六人が長崎の西坂で殉教を遂げ、その方々が教会当局から聖人であると宣言されて、一五〇年目の節目を迎えています。

次に、第二バチカン公会議開会から今年で五十年目を迎えます。一九六二年十月から四年間、時の教皇ヨハネ二十三世が、全世界三千人余りの司教たちを集めて、教会の方向を大きく転換することになる会議を開いたのです。

そしてさらに、これは三年後の二〇一五年のことになりますが、信徒発見一五〇周年の節目が控え、すでにこれを迎える準備に取りかかっているところです。

一八六五年三月十七日の昼下がり、後に信徒発見と呼ばれるようになる歴史的な出来事が起こりました。浦上の信徒である杉本ユリという女性ほか数人が、最近出来たばかりの当時フランス寺と呼ばれていた大浦天主堂に出かけて行き、二五〇年余りの禁教の時を経て、ついに宣教師に出会うのです。

長い迫害の後、絶え果てたと思われていた信徒たちが発見され、こうして現在の長崎の教会が復活した、まさに歴史的節目でした。

それから一五〇年、時代の様相は一変しました。そんな中で次第に見失われてしまったものもあるでしょう。

そこで何を探し、何を発見すればいいのか。この課題は他の節目、すなわち二十六聖人列聖一五〇年および公会議五十年にも共通するものでもあります。

(二) タイタニック

今年二〇一二年は、もう一つの節目の年でもあります。それは、英国のあの豪華客船タイタニック号が処女航海の途中、大西洋の海底に沈んだ事故から百年目ということです。

一九一二年四月十四日深夜、流れてきた氷山にぶつかり、約二時間後その巨体は暗黒の海面から永久に姿を消したのでした。

なぜ三つ目の節目に加えて、直接関係があるとも思えないタイタニック号沈没の節目を取り上げるのかというと、実はこの事故にまつわるエピソードが、ひしめく教会の節目に発見しなければならない、とても重要な事柄を示唆していると思うからです。

タイタニック号は深夜十一時四十分に氷山に衝突するのですが、不沈神話さえできつつあったこの船への信仰がもろくも崩れ、やがて、船上船内はパニック状態となります。

ところが、言語に絶するあび叫喚《きょうかん》の中で、あるいはそうした極限の状態に追い込まれたからとも言える、人間のあまりにもまぶしい崇高さが発揮されるのです。船底にあって、黙々とエンジンを動かすための石炭を補給する機関士の方々がいました。

この方々に向かって、リーダーである機関士長は言うのです。

「諸君、これから自分が言うことは命令でもなければ、義務でもない。自由に自分の好きな選択をしてよろしい。さて、この船は間もなく沈みゆく運命にある。しかも漆黒《しっこく》の闇のただ中である。ところでいま明かりが消えたら、人々は何も見えない闇の中で、右往左往、慌てふためき、助かる命も助からないであろう。今自分たちにできることは、可能なかぎり発電機を回し続けることだ」。

リーダーのこの言葉を聞いた機関士たちは、そのほとんどがその場に残り、発電機を回し続けるため、石炭を補給し続けたのです。

おかげで、船は沈没のわずか二分前まで、甲板《かんぱん》と部屋全体が煌々《こうこう》と明かりを灯し続けたのでした。

もう一つのエピソードは楽団員として乗り込んでいた、八人の音楽家についてのものです。

音楽はどちらかと言えば平穏な時に似つかわしいものです。このように人々が半狂乱状態にある時、音楽を奏でることが、いかほどの意味をもつのでしょうか。

しかし、彼らは甲板上で最後の演奏を試みるのです。そして辛うじて生き残った方々の証言は、人生の究極の時に響いた楽の音に、どれほどの救いを頂いたか、を世界に告げたのです。

ちなみに最後の曲は、持ち込んでいた楽譜にはなかった、今でも葬儀のときによく歌われる「主よ、みもとに近づかん」であったとか。

これらのエピソードは多少とも美化された部分もあるでしょう。しかし、結果として実際の光とともに人間の崇高な光を灯し、魂の奥底に響く楽の音を人々に届けたのです。

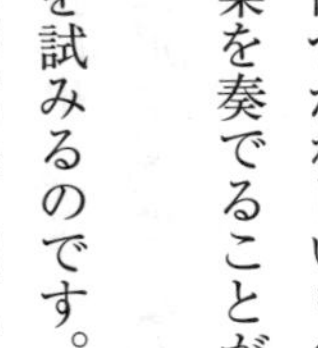

(三) 今、見いだすべきものは

そのまま自分の仕事を続ければ、命を投げ出さなければならない状況の中で、タイタニック号の機関士長は言いました。

その仕事は義務でもなければ命令でもないと。ですからその仕事を放棄して、わが身の安全を図ったとしても、これを非難する権利は誰にもありません。それもまた、人生において意味のある選択でもあるはずです。

しかし大部分の方々は敢然としてそこにとどまりました。なぜそんなことができたのでしょう。

その答えを筋立てて説明できる言葉を、たぶん彼らは持ち合わせてはいなかったと思います。もしどうしてもと請われたとすれば、「分かりません」とか、「とにかくできたのです」と言ったかもしれません。

自分でも分からない。だが自分の中にそんな力が歴然として存在していた。その得体のしれない力が、たとえ追い込まれた状況だったとはいえ、爆発したのです。

殉教者たちに、どうして自分の命を投げ出してまで、信仰を宣言することができたのかと問えば、たぶん整理された言葉は返ってはこなかったでしょう。しかし実際に彼らにはその実力が備わっていたのです。

一九六二年、第二バチカン公会議のために集められた司教たちもまた、沈みゆくかに見えるタイタニックならぬペトロの船を、どのように浮上させるか、筋立てなど持ち合わせてはいなかったでしょう。

しかし彼らは、自分たちと自分たちが乗り合わせている、この船の底には、決して沈みはしないイエス・キリストというエンジンが座っておられることを感じていたにちがいないのです。

信徒発見から一五〇年、大きく変わった今の世に何を見いだすべきかと問えば、これまた言葉を超えた、あのタイタニック号の船底と甲板にあったものと同質のものということになるのではないでしょうか。

(四) タイタニック二号

今、世をあげて沈みゆくタイタニック情報にあふれています。高齢化は進み、子どもは生まれず、経済は崩れ、人々の心はバラバラに散らばりつつあるという。

教会内に目を転ずれば、状況はさらに深刻で、訪れるものは激減し、若者は去り、世の風潮の前に教義も掟《おきて》もどこ吹く風となり果てたという。

しかし心配は無用です。タイタニックの船底にはそのエンジンを支える殉教者たちが今も確かにいるのです。

目を凝らせば、本来の人間の奥に響く、神の楽の音を奏でる真の音楽家たちが意外と近くにいることに気づくにちがいありません。

今年二〇一二年は、もう一つの節目の年でもあります。私事で恐縮ですが、それは筆者が古来稀《まれ》な歳、すなわち古希を迎えたということです。

この世の持ち時間がそれほど潤沢とは言えなくなった今なすべきことは、現代の殉教者、公会議のリーダーに劣らぬ真の水先案内人、現代の杉本ユリとその仲間たちを探すべく、このよどんだ目を使い切ることかなと、思いめぐらす今日この頃です。

そう言えば、タイタニック二号を建造すべく、すでにどこかの造船所に注文がなされているとか。

二十　強さと弱さの問題

(一) 幼子に

近頃、時々考えることがあります。赤ちゃんは強いのか、弱いのかと。世の中にはもっと大事なことがいっぱいあるのに、何をのんきなことを、という冷笑がどこからか聞こえてきそうです。

しかし聖書が示す神の国は、幼子にこそ開かれているのであり（マタイ10・25参照）、その辺の事情を少しでも突っ込んで調べてみれば、神の国の周辺だけでも捉えるきっかけになるかもしれないという思いから抜けきれないのです。

赤ちゃんは強いのか、弱いのか。確かに、こんなに弱い者はいません。だから四六時中世話をしてあげなければ、たちまち命に関わる事態となってしまいます。では弱いだけなのか。赤ちゃんは、けた外れに強いのです。

特に、お父ちゃんとお母ちゃんは、無条件にこの幼子の前に平伏します。あの百万ドルの笑顔に逆らえる者は誰もいません。人々は口をそろえて言います。どんなに疲れていても、この子の顔を見ればすべては吹っ飛んでしまうと。落ち込んでいた時、どれほどこの子に慰めを与えられたかと。

恐らく自分の命を奪う者が目の前に現れたとしても、笑顔でこれを迎えることができる者がいるとすれば、それは真っ先に幼子ということになるでしょう。その癒やし力、支配力、度胸など、そのどれをとってもけた外れの強さを発揮します。

それでいて、けた外れに弱い。一体赤ちゃんは強いのか、弱いのか。私たち人間が、自分の人生を歩み始めた出発点で身に付けていた、この奇妙かつ絶妙な境地を多少とも解明することができれば、また違った人生が開けてくるかもしれません。

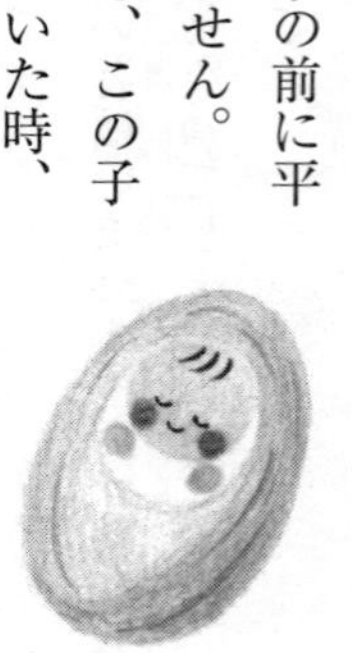

（二）飾られる弱さ

「人間は弱い者です」。こんな悟ったような言葉を聞くことがあります。あるいは一度や二度は自分でも口にしたことがあるでしょう。

これは人間の謙虚さを表していて、とても響きの良い言葉です。ですからこれを美しい言葉として、うっとりと陶酔し、できれば豪華な飾り棚に飾っておきたいと思ったとしても無理はありません。

つまり弱さに陶酔し美化して、そこに居座ってしまうのです。そこまでは人畜無害で、そんなに問題になることはないし、とやかく言うことでもありません。

しかしその弱さを美化するあまり、必要な努力を怠るようになると、これはもう問題の領域に入り込むことになります。

あるいは弱さにどっかりと居座って、他の人の助けを当然のこととして要求し、時にはこれを強要することにでもなれば、いよいよ問題ということになります。いわゆる甘えということになります。

かつて一人の作家が弱さを美化し、そこに居座って、強い信仰を持って勇ましく殉教を遂げた殉教者たちの価値を、台無しにしたと言って非難されたことがありました。いわゆる「ころび」を美化したというわけです。

特にイエス・キリストの姿を、何もできない弱い者として描き、とぼとぼと人々の後を追いかけ、そっと寄り添うことしかできない者として紹介したのですから、権威ある方々にとっては、許容できることではなかったのでしょう。

つまり弱さに閉じこもって、人々を軟弱にしてしまう、信仰の敵であると断じたとしても、当時の時代背景に照らせば、無理からぬことだったでしょう。

しかし一方で、弱さではなくけた外れの強さをその姿に読み取った方々もいました。

これほどに己を無にして人々に寄り添うことのできる姿に、逆に強烈な力を感じ取ったのです。まさしく文学的逆説の典型です。

この作家の導きによって多くの方々がキリスト教に導かれ、その葬儀の時には、式場に入りきれない多くの方々が長い行列を作ったという。

これが、ある者からすれば実に苦々しい、信仰の敵のあざやかな離れ業だったというわけです。

(三)　飾られる強さ

ここから先は口止めされていて、言ってはならないことなので言いませんが、もし何か聞こえてきたら、どうか聞かなかったことにしていただきたいと思います。神の福音すなわち神の救いが作動し始める時、まず奇妙な口止め（マルコ1・44参照）がなされているからです。たぶん人差し指を口に当てて「シーッ」という仕草をしたのでしょう。「誰にも話さないように」と。

ところが、福音を授かった人はこの場合、重い皮膚病を癒やされた人ですが、「盛んにその出来事を語り、言い広め始めた」のです。

例のカトリック作家も『沈黙』という小説を書いたわけですから、口を閉ざして沈黙したつもりだったのでしょう。ところがこの沈黙は同時に能弁でもあったのです。つまりべらべらしゃべりまくったのです。

だからこの沈黙は一筋縄では捉えることのできる代物ではないようです。少なくとも二筋から三筋の縄が必要です。

沈黙と同時におしゃべりも聴き取り、その真意に触れ、これを見通さなければならないのですから。

かの作家は盛んに、「自分は迫害されたら真っ先に転ぶだろう」と発言していました。これとて油断はなりません。実際にはずいぶん迫害（バッシング）されたのに、びくともしなかったのですから。

口止めされているので決して言いませんが、筆者の両耳にはこんな言葉が聞こえ、こんな問題が目の前にどっかりと座り、解答を迫ってきます。

人間は時に自分の弱さに引きこもり美化して、自分の怠惰や行動を正当化しようとします。弱い被害者であることをことさらに強調して、迫害的に援助を強要することだって起こります。

一方強さに閉じこもり美化して、強者をことさらに英雄視して飾り立て祭り上げ、そういう自分たちの主張する世界に与《くみ》しない者を、逆に迫害し差別化します。ただ一本の思考回路で物事を捉え、質の違う別の世界を排除してしまうのです。

こうして人間は油断すると、強さと弱さにかき回され翻弄されて、かえって本物の強さも弱さも見失ってしまうことになります。

本物の強さとは幼子の強さです。本物の弱さもまた、幼子のそれです。そしてそれは、強さと弱さという二元の世界を超えたところにあるようです。

神さまの福音は、きっとそこら辺りから芽を出し、作動し始めるのです。もしかしたら、弱さへの居座りと見えたあの作家の主張は、とても弱く見える幼子のような者に、すでに作動し始めている神の福音を、強さに囚《とら》われて見えなくしていることへの、強烈な抗議にも似た問題提起だったのかもしれません。ここは口止めの領域でもありますが……。

（四）大地の沈黙

幼子は強いのか、弱いのか。幼子は強さと弱さを超えています。

殉教者は強かったのか、弱かったのか。誰一人として自分が殉教できるとは思っていなかったとも言われます。彼らもまた、強さと弱さを超えていたのです。

神さまは一体、強いお方なのか、それとも弱いお方なのか。神さまは強さと弱さを超え、強い者も弱い者も一筋縄で結び付ける方です。

大地は今、その深い沈黙の中で、強い木も弱く見える草も、すべてを包み込んで、命の芽生えを用意しつつあります。その沈黙に和して、私たちも自分自身の内面の沈黙の奥深くに分け入ってみたいものです。

人生の出発点で身に付けていた、幼子の奇妙かつ絶妙な境地がにわかによみがえってくるかもしれません。

それは、母の胎内経由でこの世界に現れ、地球という高級車でこの世界を通過しつつある、あなた自身の復活そのものです。

豊かな復活祭を祈ります。

二十一　コツコツの問題

（一）啐啄《そったく》同機

「啐啄同機」という言葉があります。これは卵の殻がパチンと割れて、新しい命がよみがえる時展開される、いわば命のドラマを表した言葉です。

三週間、親鳥は雨の日も風の日も卵を抱き続けます。ただ抱いていればよいというわけではありません。

全面に命の温度が行き渡るように、絶妙のタイミングで卵を回転させながら抱き続けるのです。

そして時が来て、親鳥はそのくちばしで卵の表面をコツコツと突つきます。「さあ、生まれてきなさい」という合図です。

ひよこは内側から「産まれたいよー」とでも言うかのように、こ

つこつとそのかわいいくちばしで殻を突つきます。

この内と外のコツコツが絶妙に重なって、卵の殻がパチンと割れ、厳粛な新しい命の誕生が成し遂げられるのです。

今、長崎教区は二〇一五年の信徒発見一五〇年を前にして、神さまが仕掛けた「啐啄同機」の時を迎えつつあります。

外からのコツコツは長崎の教会群の世界遺産化運動です。

つい二、三年前までは「まさか」と思われていたのに、最近では「もしかしたら」という状況に変わりつつあります。

かつて迫害を逃れて生活の場を求めて移り住んだ先祖たちが、わが家の一つとして建てた聖堂が世界の宝として認められつつあるのです。

頼みもしないのにありがた迷惑という意見もあります。ミサや葬式中に観光客が入って来て、祈りの邪魔になるという考えもあります。

ちょうど明治維新の時、世界に向かって国を開くべきだという開国派と、よそ者を排除して国を守るべきだという攘夷《じょうい》派が争ったように、今、わが教区も開く閉ざすの議論が盛んです。

しかし明治維新はそんな争いなど津波のように押し流して、一気に日本は世界へと開かれていきました。

わが教区が開閉議論を闘わせることのできる期間は、そんなに潤沢には残ってはいないようです。

他の世界遺産に認定された所の例を参考にするならば、環境は激変します。人々が津波のように押し寄せて来るようになることが予想されます。

その時、悲しい悲鳴ではなくうれしい悲鳴を上げるためには、明治維新的発想の転換が否応なしに求められることになるでしょう。

(二) 内からのコツコツ

外からのコツコツが世界遺産運動であるとすれば、内側からのコツコツは何でしょう。それはすでに耳にしていると思いますが、信徒発見一五〇周年を記念して開催される教区代表者会議（シノドス）です。

この会議のための議題を募り、絞り込むために二年前、全信徒に対してアンケートありつつが実施され、これを基にした話し合いがなされ、次第に問題点が浮き彫りにされつつあります。

本会議ではこれらの問題点につき、解決のための長期短期にわたる、提言がまとめられることでしょう。

具体的にどんなことが提言されるのか、今はまだ定かではありませんが、それらのすべてが、わが教区の新たな殻破りのためのコッコツであることは確かです。

光が何百億年もかかって到達する宇宙の果て、その宇宙さえちっぽけな世界でしかないほどの、気の遠くなるような神の福音の、その広大無辺なスケールに少しでも気づくきっかけになることを願いたいと思います。

その気配は十分とは言えないまでも、確かな足音となって迫りつつあります。

(三) こんなコツコツ

今の時点で、どんなことが問題として浮き上がりつつあるのでしょうか。ほんの少しですが紹介してみましょう。

多くの巡礼者が教会を訪れるようになると、騒がしくなって、ミサや葬儀などの邪魔になるという意見があります。

もっともなご意見です。祈りを知らない者が祈りの邪魔をするという考え方です。その根拠として、「わたしの家は、祈りの家でなければならない」（ルカ19・46）という聖書の言葉を引用したりします。

しかしこの言葉は、実際には外の者を追い出す言葉ではなく、神殿に奉献するささげ物を指定してこれを人々に買わせ、商売にしていた当局者の行為を戒めた言葉らしいのです。

そうするとこれは内部の者への戒めの言葉であって、外の者を追い出す根拠となる言葉ではないことになります。

それよりも何よりも、このような排除の論理の中で完全に欠落していることがあります。

それは人間の祈りへの感受性です。外の方々は祈りを知らないと決めつけてしまっていることです。

この方々がどれほど祈り、その心の奥深くに悩みと苦しみと願いを秘めているか。

私たちはもしかしたら形式的祈りに明け暮れるうちに、現代人の喜びと希望、悲しみと苦しみを、すなわちこの方々の切実なる祈りを感じ取る、みずみずしい感性を失いつつあるのかもしれません。

まさかそんなことはないとは思いますが、世界遺産化への動きはこんな揺さぶりをかけてきていることは事実です。

ある日、ある地区で、教区代表者会議（シノドス）に向けての分かち合いがなされました。

そこでとても有意義な問題提起がなされました。こんな本音の話がなされるようになったということは、この会議は成功するにちがいないという大いなる希望を持たせてくれます。

小さなグループでの分かち合いの中で一人の青年が自分の偽らざる心情を披露してくださいました。

自分は結構祈りもするし、日曜日にはミサにも行っている。しかし今、その自分の行動に何の意味も感じないし、喜びも味わえない。ただ習慣的に行動しているにすぎないと。

するとなりの人も、自分もそうだと言い出しました。やがてグループ全体がシューンとなって、誰もものを言わなくなってしまったというのです。

この話は先日開かれた司祭研修会での分かち合いの場で紹介されたものです。するとこれを聞いた司祭たちもまた、シューンとなってしまいました。そう言われても、どうしようもないもんね、という雰囲気が漂いました。

こんな本格的な問いが人々の前に紹介され、その問いの前に厳粛にたたずむ光景がわが教会に生まれつつあるのです。感動的と言うほかありません。

この本音の問いこそその方の人格の奥に潜む、イエス・キリストのコツコツにほかならないからです。

ただ、私たちはどこか遠くにある教義とか掟《おきて》の世界にとらわれてしまって、すべての人の人格の奥の間に、すでに座しておられる復活のキリストを捉えるみずみずしい感性を失いつつあるのかもしれません。

こんな鋭い本音の声が聞こえるようになったということは、シノドスをその感性取り戻しの絶好のチャンスにしてくれるという希望を抱かせてくれます。

（四）パチンの予感

「サンタマリアのご像は、どこ？」。「わたしの胸、あなたと同じ」。一八六五年、長崎の大浦でこんな会話が交わされて、日本の教会は長い眠りから復活しました。それはまさしく内と外からのコツコツだったと言えるでしょう。

あれから一五〇年、長崎の教会は、また復活の時を迎えようとしています。私たちの教会は聖書の言葉のすり替えはしますが、人々の人格の奥に潜む切実な祈りを感じ取る感性は、まだまだ身に付けてはいないのかもしれません。むなしさや無意味という形でその人の奥から発信される、復活のキリストのコツコツを、まだ受け止めきれていないのかもしれません。

来るべき「啐啄同機」、わが教区の殻割り、復活のパチンを聞き届けたいものです。

二十二　下心の問題

（一）何が悪い

「お国のために命をささげた方々が祀られている神社に参拝し、哀悼のまことをささげて何が悪い！」。

これは、靖国神社に参拝する国会議員や閣僚の方々が一様に口にする言葉です。

これは、人間として当然の理屈であり、実に説得力のある言い分であり、すべての人が正論として認めるに足るものであります。

あそこには、戦争で亡くなられた方々だけではなく、立場上戦争に導いた方々も祀られているので、参拝してはならない、という言い分もあります。

しかし宗教法人としての法人格を有し、中身もれっきとした宗教団体であるならば、誰を祀ろうと、それは信教の自由に基づくことであり、とやかく言われる筋の事柄でもありません。

亡くなれば神の前に一様に受け入れられるべきであり、これを裁く権利は誰にもなく、事情が許せば、戦争相手国の戦没者をも祀りたいと願うに違いありません。

靖国神社という一宗教団体のみならず、私たちキリスト者も戦争の犠牲者に哀悼の意を表すのに、他宗教の方々の後塵《こうじん》を拝するものではありません。

身内はもちろん、不条理な戦いの刃《やいば》に倒れた方々の尊い犠牲を無にしないための行動をしきりに呼びかけ、実際に行動に移しているのです。

それではなぜ、国内外の心ある方々は、閣僚や政治家の靖国参拝に異議を唱えるのでしょう。

それはたぶん、その参拝という純粋であるべき行動に、何か純粋でない下心を読み取るからではないでしょうか。

今、憲法を改正して日本を戦争のできる普通の国にしようという主張がなされています。今のままでは、よその国から攻められても何の手出しもできないなどと言って、危機感をあおろうとしています。

これらの主張は、ちょっと聞くと、筋が通っているかのように聞こえるから不思議です。

この下心を見破り、戦争のできない国こそ普通の健全な国なのだということを、納得いくように説明できる発想と理論を構築しなければなりません。

「悔しいけれど、あのきのこ雲はとてもきれいでした」。これは広島に落とされた原子爆弾のきのこ雲を遠くから写したある写真家の言葉です。

原爆投下にまで至った戦争のおぞましい現実を知りつつも、人間は油断すると、これを美化していく誘惑に引きずられるもののようです。

(二)　ある投稿

二〇一三年五月十四日付の朝日新聞の声欄にとても印象的な投稿が寄せられていました。

「父は昭和二十年（一九四五年）五月二日、ルソン島サラクサク峠で餓死した。一片の骨や毛髪、爪さえ戻ることなく、小さな木片に氏名が記され、無言の帰還となった。一兵卒として靖国神社に合祀されている」。

福岡県小郡市に住む投稿者は、自分の父親は戦死ではなく餓死したのだと、こともなげに記しています。

ときどき私たちは戦争を美化して、まっしぐらに突撃し、桜の花のように華々しく散って行く兵士たちの姿を描いたりします。しかし戦争の現実は、そんな姿とははるかに遠いものなのです。

次に投稿者は率直な疑問を呈しています。父は今、安らかな眠りに就いているだろうかと思うと、心痛の極みであると。なぜなら哀悼のまことをささげるという美名のもとに、閣僚や国会議員たちが騒ぎを起こし、眠れていそうには思えないと。

「彼らは国会議員になる前も祭殿前に額《ぬか》ずいていたのだろうか。将来バッジを外しても詣でるのだろうか。またA級戦犯の合祀がなくても参拝するのだろうか。疑問だらけである」。

靖国神社は一宗教団体として、本来国家とは分離した団体であるはずなので、たぶん、A級戦犯に限らず空襲や原爆犠牲者、できればかつて闘いの刃を交えた近隣諸国の戦争犠牲者をも等しく合祀したいと願うことでしょう。

それが人類普遍にして共通の願いだからです。憲法の前文にあるとおり、「政治道徳の法則」も、寸分たがわずこの視野と合致すべきものであるからです。

「われらはいずれの国家も自国のことのみに専念して他国を無視してはならないのであって、政治道徳の法則は普遍的なものであり、この法則に従うことこそ、自国の主権を維持し他国と対等関係に立とうとする各国の責務であると信ずる」と。

現代の国会議員の方々の下心には、この普遍的政治道徳とは程遠い、自国のみというう臭いがぷんぷんと漂っていることを、心ある方々は嗅ぎ取ってしまったのです。

哀悼の意を表すことが、なぜ悪い、というとても普遍的正論の陰に、まったく普遍的ではない自分の国だけという排除の論理を潜らせ、よってもって政治道徳を踏みにじっていることになるからです。

結果として、自分たちの犠牲を無駄にしないでほしいという、国のために命をささげた方々の切なる願いを無視していることになるからです。

投稿者は「日本が永久に不戦国家であり続けることを祈る」と締めくくっています。

ひるがえって、わがカトリック教会内の、いわば戦没者すなわち殉教者たちの切なる願いは聞き届けられているのでしょうか。

現代では過去を掘り起こし殉教者をたたえ、これを福音とする列福運動が繰り広げられています。

（三）殉教と殉国

一宗教団体が、戦没者すなわち殉国者を英霊として祀り上げ、崇《あが》めているように、教会も殉教者を福者として崇めようとしています。

教えのために自らの命を奉献した方々を顕彰《けんしょう》し、これを崇めて何が悪い。このこともまさしく普遍的正論であり、事実、誰も異論を挟む者はいないでしょう。

しかし一部の方々の声は、殉国者をたたえるあまり、戦争まで美化し、自分の国だけに引きこもり、戦争のできる普通の国づくりを目指しかねないような方向に向かっています。

同様に、殉教者をたたえるあまり、殉教者を生み出した教会と社会の迫害構造の変革には思い至らず、教会内にだけ引きこもり、結果として社会と対立して戦うことのできる教会を、普通の教会と思い込もうとする傾向はないのでしょうか。

殉国者たちの必至の願いは二度と戦争をしない国づくりです。同じように殉教者たちの切なる願いは、二度と信仰ゆえに迫害されることのない教会と社会づくりです。教会内にだけ立てこもり、世を俗なるものとして対立し、これと戦うことをあおるための殉教論は、そろそろ卒業すべき時に来ているのではないでしょうか。

(四) 下心（したごころ）から中心（なかごころ）へ

恋愛の恋と愛はどこが違うのか。その違いは文字そのものが表しているという説があります。愛という字は心が真ん中にあるのに、恋は心が下にあります。愛は純粋な心を中心とした行為であるのに対して、恋はまだ不純な下心を宿しているというわけです。

その下心とは他を排除した独り善がりの思惑ということであり、すべてに開かれた普遍性（カトリック）がそぎ落とされた状態と言えるでしょう。

「われらはいずれの宗教も自分のことのみに専念して社会や他宗教を無視してはな

らないのであって、宗教道徳の法則は普遍的なものであり、この法則に従うことこそ、自分の宗教の主権を維持し他宗教および社会と対等関係に立とうとする各宗教の責務であると信ずる」。

これは日本国憲法前文の勝手なもじりです。

「現代の人々の喜びと希望、苦悩と不安、とくに貧しい人々とすべての苦しんでいる人々のものは、キリストの弟子たちの喜びと希望、苦悩と不安でもある。真に人間的なことがらで、キリストの弟子たちの心に響かないものは何もない」。

これは現代世界憲章の格調高い序文です。

下心から中心へ、平和を思う季節、この両前文を下心なく読むことができれば、それはすでに一つの平和運動です。

二十三　どんでん返しの問題

劇場の暗くよどんだステージがぐるぐると回転して、見る見るうちに花咲き乱れる春景色に変わります。

ドラマの筋立ても観客が予想もしなかったような結末へと急変します。これをどんでん返しと言います。これは演劇の話です。

現実の話は、そうはいかないと人々は言います。ドラマのようにはいかないよ、というのが常識ある人生の捉え方ということになります。

果たしてそうなのか。

この誰もが信じて疑わない常識をどんでん返すことができれば、こんな痛快なことはありません。今回は変な人の意味の変人ではなく、「変える者」としての変人を目指して、人生の、ひいては信仰のどんでん返しを試みてみたいと、真面目に思っているところです。

（二）救われたから

私たちはよく、神さまを信じるとか、信じないとか、議論することがあります。そして信じている人を信者と言い、信じない人を信仰を持たない人として区別することがあります。

実はこれは逆なのです。私たちが信じるのではなく、神さまが私たち人間を信じているのです。そして私たちが神さまを信じようと信じまいと、この神さまの信仰は決して揺るがないのです。

このことを圧倒的迫力をもって受け入れ、そのことにうっとりと陶酔することができれば、これはすでにどんでん返しされたことになるのですが、そうたやすくはいかないというところでしょうか。

私たちが神さまを信じるのは救われるため、すなわち、何とかして天国にいくためではなく、すでに救われているからです。

ここまで来るとかなりのどんでん返しということになります。

実はつい最近、わが小教区の皆さんは、この点で危うくどんでん返しされるところでした。

全国のあちこちからプロテスタントの信者の方々が来られて、交流のひとときを過ごした時のことです。

その席で、その方々が口々に「私はこんなきっかけで救われました」という発言を繰り返されたのです。

これを耳にしたわがカトリックの皆さんは、耳は丸くなりませんでしたが、目が丸くなっていました。

救われるため、何とかして天国へというのが、断固として動かざる信仰の動機だからです。

(二)　ゆるされたから

私たちは自分の過ちの大きさを思い、神さまのゆるしをお願いします。その際、自分の罪の大きさと神さまのゆるしの大きさを横並びにして、比較したりします。

こんなことは神さまに対してとても失礼なことですので、早速どんでん返しされる必要があります。誤解を恐れつつ言えば、神さまのゆるしの広大さに比べれば、人間の罪や過ちなど、ないようなもの、一吹きで飛び散るチリにも及ばないものなのです。私たちは地球という巨大な星に住んでいます。しかしその地球も宇宙の一部にすぎません。

正確には一部とも言えないほどの小さなものなのです。

一秒間に地球を七周り半するほどのスピードを持つ光が、何億年かかってもその端っこに届かないほど、宇宙は巨大にして広大なものです。

これは人間の創造力はとっくに超えていますが、想像力の方もはるかにはるかに超越の極みです。

こんな広大な宇宙の中にいて、人間がなし得ることは、そのふところにゆったりと安らぐか、そんなことをいかに考えようと、分かりもしないし、日常の生活に関わりないこととして、素通りすることだけです。

その宇宙でさえ、まさにチリほどでしかない神さまのゆるしと人間の罪を比較しようとするわけですから、これは滑稽《こっけい》以外の何ものでもありません。

そんな想像を絶する神さまのゆるしを前に人間にできることは、ただただそのゆるしの中に身を委ねてくつろぐか、そんなことはピンとこないこととして、素通りし、自分の罪にくよくよすることだけです。

こうなると、救われるための信仰、天国に行くための信仰、ゆるされるための信仰という、私たちが不動の信念を持って、保ち続けてきた信仰の土台が根底から揺らぐことになり、はなはだ危険な考えということになります。

しかし、私たちはそれでも、今すでに救われており、それだからこそ信じ、すでにゆるされているという、まばゆいばかりの光に照らされて浮かび出る陰である罪を意識するのです。

(三) 危険思想

このように書いたり言ったりすることは、特に長崎教区では危険なことかもしれません。原理主義者たちが黙ってはいないでしょう。そのような方々が、もしおられたらの話ですが……。

せっかく必死になって、日曜日には教会に来るように呼びかけ、祈りをするように、半ば脅迫するかのようにして、迫力ある司牧に取り組んでいるのに、水をさすとは何事かと。

ただでさえ家庭から祈りが消えていきつつある時に、そんなことを言うと、めちゃくちゃになる。人に受けるようなそんな甘いことを言って甘やかしては、これまでの努力が全部無駄になってしまうと。

大人の洗礼もめっきり減り、異宗婚によるカトリック歩留まり率すなわち異宗婚による教会留まり数と教会離れ数の格差も、惨憺《さんたん》たる状況になりつつあるのに、変なことを言われては困ると。

これらの状況をなんとかしようということで、四苦八苦《しくはっく》しながら歴史上稀《まれ》なる会議であるシノドス（教区代表者会議）を開こうとしているのに何ということかと。

身の危険を顧みず申しますと、これらの主張もまた前述の理由により、小さな小さなチリにすぎないのです。

（四）ドーンデーン

こんな危険思想をあえて述べる理由の第一は、長崎教区の厳しくも重厚な歴史を生き抜いてきた信徒の方々は、知的表層においてはともかく人生の深層においては、もうとっくにどんでん返しされた世界に身を置いていると思われるからです。

教会は、もしかしたら信徒から離れたかもしれませんが、信徒の方々は、教会も長崎教区も神さまも捨ててはいません。

祈りもちゃんと、この方々のど真ん中に宿っています。そして他の人々の切実な祈りにも気づいています。

危険思想を述べる第二の理由は、律法主義、教条主義、原理主義を脱する秘訣《ひけつ》がここにあると思うからです。

律法主義とは、人々を囲いの中に囲い込んで現実の世界から遠ざけてしまうことです。

教条主義とは、ペーパードライバーのように知識としては知っているが、現実の世界には通用しない教えを振り回すことです。

原理主義とはその教えの核すなわち中心にこだわることです。一見魅力ある考えに思えるし、一定の説得力を持つのですが、ここに巧妙で危険な罠《わな》が潜んでいるのです。それはその原理が神さまの原理というより自分の原理にいつの間にかすり替えられ、そのことに気づかず、これを振り回し、他を排除し始めるということです。

キリスト教とは、ただ一点復活したキリスト、すなわち今生きておられるキリストをきちっと捉えることです。復活とは教条主義的知識が捉えるような、もと持っていた命を取り戻すことではありません。この私自身という墓に座して、折あらば復活したいと、あらゆる信号を送り続けているキリストを捉えることです。

ちょうど、水たまりに石を投ずると、ポチャンと音がして波紋が広がるように、キリストの復活が人間とこの世界に波紋を広げています。

復活とはどんでん返し、すなわち死さえもどんでん返しされて命となり、もはや何事があろうとも撤回されることのない、完結した神さまの救いを告げるファンファーレのことなのです。

意識の岸辺に打ち寄せてきているこの復活の波紋に気づく時、その時こそドーンデーンと地響きがして、あなたがこれまでの常識を打ち破り、栄光の「変人」へと変身する時なのです。

二十四　「クォ ヴァディス（主よ いずこへ）」の問題

（一）いずこへ

「クオ・ヴァディス・ドミネ。（主よ、どこへ行かれるのですか）」。これは古代ローマ時代、迫害を逃れてローマの町を後にしようとしていた初代教皇ペトロが門外でイエス・キリストと出会い、尋ねた言葉です。

正確にはポーランドの作家ヘンリク・シェンキェヴィチの小説『クオ・ヴァディス』のクライマックスの場面に出てくる言葉です。

この小説は紀元一世紀の古代ローマの暴君ネロ時代を舞台に描かれた歴史小説で、当時の堕落した社会生活と、その中でなされたキリスト教徒への残虐な迫害の様子が描かれています。

ローマ帝国におけるキリスト教徒への迫害は日を追うごとに激しくなる中、ペトロは最後までローマにとどまるつもりでした。しかし周囲の人々の強い要請により、しぶしぶローマを離れることに同意したのです。

夜中に出発し、門を出てアッピア街道を歩いていた時、彼は夜明けの光の中に、こちらの方に歩いて来られるイエス・キリストの姿を見かけるのです。

ペトロは驚き、ひざまずいて尋ねます。

「クオ・ヴァディス・ドミネ。(主よ、どこへ行かれるのですか)」。

「そなたが私の民を見捨てて出て行くのであれば、私はローマに立ち帰り、今一度十字架にかかろうと思う」。これがイエス・キリストの答えでした。

ペトロはしばらく気を失っていましたが、やがて起き上がると迷うことなく、もと来た道を引き返しました。そしてローマで捕らえられ十字架に架けられて殉教することになるのです。

教会のいわばオーナーであるイエス・キリストとその運営責任者である教皇ペトロの進む方向が違っていました。

一方は外に向かい、他方は内に向かっていたのです。

このように、寸分たがわず一致すべきものが、時にずれて来ることがあるようです。わが長崎の教会はどうなのでしょうか。少々ずれていても、今、教区シノドスという歴史的会議が開かれていますので、そこはみごとに修正されるにちがいないとは思いますが……。

(二) 主は外から?

今、日本のキリシタン史上第三の大波が打ち寄せて来つつあります。

第一波はもちろん、一五四九年、フランシスコ・ザビエルの渡来による日本キリスト教の始まりです。

第二波は一八六五年、いわゆる信徒発見の出来事です。三〇〇年近い潜伏の時を経て日本のキリシタンが復活したという、世界が驚きの目を見張った出来事です。

そして今、その復活の時から一五〇年を経て、長い潜伏の歴史を世界が評価しようという動きが始まっています。

これが世界遺産運動です。

このような動きを前にして教会内においては開くか閉ざすかの議論が盛んですが、大いに口角泡を飛ばして意見のすり合わせを進めるべきでしょう。ただその過程において、教会のオーナーであるイエス・キリストに、「主よ、いずこへ」と問うことを忘れてはならないと思います。

筆者の目には、主は今の教会に見切りをつけたわけではないのでしょうけれども、とっくに外に出かけられていて、外から歴史的仕掛けを試みておられるように見えて仕方がありません。

なぜか、というその理由を挙げれば切りがないほどあります。たぶんそれらは今開かれている教区シノドス（代表者会議）が明らかにしてくれるものと思いますから、安心してお任せすることにしましょう。

それでもひと言申し述べるなら、それは、内部にイエス・キリスト感覚つまり福音感覚の衰退が進みつつあるのではないかということです。

例えば、世界遺産化によって、巡礼者が多く訪れると「祈りの邪魔になる」という声がまだささやかれています。

この言い分は、これまでの潜伏体質を考えれば分からないでもありませんが、自分たちだけが祈ることができ、外の者は祈りを知らないのだという、思い込みがないのか、とても気になります。

もしそうだとしたら、この現代のプッツン社会の中で必死になって、不安・不満・孤独の闇の中から叫びを上げている、現代人の熱烈な祈りを感じとれていないと言わざるを得ません。

それよりも何よりも、その方々の中で、その方々の姿を装って叫びを上げるイエス・キリストの声を感じとれていないのではないかと、思わざるを得ません。

そうすると、教会のオーナーと運営責任者の間にずれが生じているということになってしまいます。

これこそシノドスで見極めねばならない大きなテーマであるということになりましょう。

(三) 人気ランキング、トップ

教会内部の世論に耳を傾ければ、あまり景気のいい話は聞かれません。

信徒数の減少、ミサ参加者の激減、若者の教会離れなど、言われて久しい数々の問題があります。しかもそれらの問題に対して有効な手段を持ち得ているかとなると、これまた心もとないというわけです。ところが、このような不景気な話をよそに驚くべきことが今起こっているのです。

今やパソコン大隆盛の時代ですから、パソコンをお持ちの方はインターネットで検索してみてください。

長崎カトリック・センターの宿泊施設が長崎市内の数多くのホテル、旅館がひしめく中で、総合人気ナンバーワンなのです。長崎県全体でも三番目であるというから、すごいのひと言です。

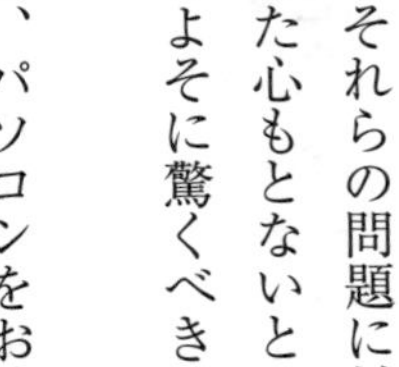

あの五十年近くもたった、各部屋に風呂もトイレもない施設がなぜ。これはもうミステリーというほかありません。

確かにスタッフのおもてなしが、とてもすばらしいのはうなずけます。

しかしどこのホテルも、その点では必死に努力を重ねています。

この驚異の出来事の理由を強いて言えば、他の施設にないこの一点でしょうか。

ほとんどが信徒ではないスタッフが宿泊者の皆さんをお隣の浦上教会の早朝ミサに案内していることです。そして浦上の皆さんもこぼれるような笑顔でこの方々を迎えているのです。

他にも言葉では表現しがたい何かがあるのでしょうが、もしかしたらこの一点は決め手なのかもしれません。

しかも、洗礼を受けていないということで言えば、信徒でない方々が、いわば宣教事業に取り組んでいるというわけです。

もちろんその背景にはリーダーの指導よろしきがあるわけですが、これはわが教区の特筆すべき快挙と言わざるを得ません。

経営面でも長年の赤字体質を抜け出し、いまやドル箱であることは言うまでもありません。

(四) シノドスよ、いずこへ

キリシタン史上第三の大波が外から押し寄せて来たと思ったら、いつの間にか、教区の中枢にまで入り込んで、本来内部の者が取り組むべき宣教の業を、公式にはキリスト者とは呼ばれない方々が、自然な形で実践しているのです。

ペトロならずとも、「主よ、いずこへ」と真剣に問いたくなります。潜伏の時を脱して早や一五〇年、いまだに潜伏根性の抜けないわが教区に見切りをつけたとは言わないにしても、主はとっくに教区の門外に出て、外から戸をたたいておられるということではないのでしょうか。

故教皇パウロ六世は言います。宣教すなわち教会と世界をキリストに向けて変えていく福音化の業は、「ただ単にキリスト者の共同体だけではなく、人類全体に課せられた責務であります」（「福音宣教」№1）と。

公式にはキリスト者の共同体には属していない方々が、わが教区において、先行して宣教し始めています。

信徒発見一五〇年、真の信徒はいずこに、そして主はいずこに。

発見すべき課題を満載して教区シノドスが通過中です。いずこへ。

二十五　ある福音化の問題

（一）食前の祈り二つ

先日、おもしろい話を伺ったのでご紹介します。

ある山好きの方が一人で山に登りました。天気もよく最高の登山となるはずでした。ところが岩場にさしかかった時、大きな岩の陰から巨大な熊が現れ、目の前に仁王立ちになったというのです。

彼は真っ青になり、全身凍りついて、思わず「神さま！　助けてください！」と祈っていました。

するると、祈りが聞き入れられたのか、急に辺りが静かになっていました。恐る恐る目を開けてみると、目の前の熊が、襲いかかろうと振り上げていた手を引っ込めて、何やら胸の前に手を合わせている様子です。

彼は助かったと思いました。そして抜き足さし足逃げようとしました。

すると熊が口を利いたというのです。「こら！　動くな！　じっとしていろ！　今、食前の祈りをしているんだ！」。

もう一席。ある主任司祭が辞令に従って新しい教会に着任しました。信徒の皆さんは大いに歓迎し、早速歓迎の食事会を開いてくださいました。支度が整うと信徒会長さんが言いました。「神父さま、食前の祈りをお願いします」。神父さまは心を込めて祈りました。「父である神さま、この教会に遣わしていただき、ありがとうございます。これからのここでの新しい日々の初めに、こうして皆さんが心こもる食べ物を用意してくださいました。これらの食べ物を祝福し、心と体の糧としてください」と。

すると今度は信徒会長さんが、新主任司祭の食前の祈りをかき消すかのように、大きな声で独特の抑揚を付けて、また祈り始めました。「食前の祈り——　主願わくば……」。それは何十年来習い覚えた栄光の食前の祈りなのでした。

あわれな新主任司祭は、食前の祈りもろくに知らないのかと思われてしまったらしいのです。

(二) 祈りの福音化

形式主義に凝り固まった祈りもりっぱな祈りなので、これを軽んじたり排除してはならないことは言うまでもありません。しかし形式的祈りがキリストの祈りの深みへの歩みを妨げることになっては大変です。

長崎教区には、さまざまな時に祈ることができるように、明文化された祈りを編集した祈り本なるものがあります。

この本はこともあろうに、この筆者の著作を出し抜いて、隠れたベストセラーなのです。

まさしく「祈りの長崎」と言われるゆえんです。

そしてこれが時に心からの自作の祈りなど蹴散らして、わが教区のあらゆる所にこだましているのです。

ところがここに来て、こだましているのです、と必ずしも言えない状況が現れて来つつあるというのですから、事は重大です。

「熊の祈り」の話は笑い話なので笑っておしまいでいいのですが、登山者の、それこそ命をかけた心からの祈りは、祈りの何たるかを知るのにとても有意義です。思わず知らず湧き出てきたこの祈り。もしかしたら人間はこのようにして自分の祈りと出会うのではないでしょうか。

私たちは祈りをするとかしないとか、いろいろ議論しますが、祈りはとっくに私たちの内部深くに着座しているのです。

ちょうど火山が内部にマグマを宿していて、それが何かのきっかけで噴出してくるように、祈りのマグマがほとばしり出てくるのです。

かの登山者が九死に一生を得たとすれば、「あれ！　自分はあの時祈っていたぞ」と思い返し、いまさらのように自分の祈りとの出会いに気づくことになったかもしれません。

私たちは時々、祈っても聞き入れられないという言葉を口にし、そう実感することがあります。

しかし聖書は、「求めなさい。そうすれば与えられる」（ルカ11・9）と断言します。この間のくい違いは、どう理解したらよいのでしょうか。

これを解く鍵もまた、聖書の言葉です。

「まして天の父は求める者に聖霊を与えてくださる」（ルカ11・13）と。

聖霊など願っていないのになぜ？　聖霊とはあの登山者の内部から湧き出たマグマ祈りのことなのです。私たちが祈ろうと祈るまいと、私たちの内部深くでは神さまである御父と御子キリストが語り合い祈り合い、渦を巻いて今か今かと噴き出る時を待っているのです。

この時、祈りが聞き入れられるとか聞き入れられないという問題は、解決はしませんが、解消されてしまうのです。つまり問題でさえなくなるのです。

(三)「教会離れ」の福音化

「教会離れ」という言葉を聞くと、かつては日曜日のミサに来ない、祈りをしないあの人この人の顔が浮かんできたものでした。

この場合、教会とは日曜日のミサであり形式に則《のっと》った祈りです。ミサから離れた、祈りの文章から離れたということですから、とても分かりやすく、その対策も比較的容易ということになります。しかしさすがに現代ではこれだけが「教会離れ」ではないということに気づきつつあります。

それは、マザー・テレサの有名な「二つの聖体拝領」や聖書の読み込みが次第に深まってきたからでしょうか。

「私は毎日二回聖体を拝領します。一回目は朝のミサの時、そしてもう一回は町の通りで。たとえばコルカタ（カルカッタ）の町を歩いていると道の横の溝に行き倒れになったおばあちゃんがいました。体を拭いてしっかりと抱いてあげると、意識を取り戻して、『サンキュー　シスター』と言って息を引き取りました。その顔は、それはそれはきれいでした。こうしてこのおばあちゃんの中のイエスさまに触れることができました。これは私にとって聖体拝領そのものです」と。

部屋の中のミサや聖体拝領だけではなく、世界を祭壇としてささげられるミサがあり聖体拝領があり、今も多くの方々がこれにあずかっているのです。

よく知られている「放蕩息子《ほうとうむすこ》」のたとえ話（ルカ15・11以下）の中で、実際に父のもとを去って放蕩に明け暮れた弟については、はっきりしているので分かりやすいのですが、兄の父親離れについてはどうなのでしょうか。

父の心に触れてはいなかったということでは、二人とも同じことだったのです。表面上は生真面目に見える兄の離れは、見破るのが難しいだけに、かえってたちが悪いとも言えます。

教会離れも表面上の離れのみならず、この兄貴的離れをも検証する必要があります。

（四）化トリック

カトリックとは「蚊がとりつく」ことだ、などと不謹慎な冗談を言う者がいるのだとか。

そんな冗談は困りものですが、もしとりつくべき「カ」があるとすれば、それは「化」ということになりましょう。

これは変化の化です。キリストへと変化していくこと、すなわちキリスト化のことを最近では福音化と言います。この福音化こそカトリック教会にとりつくべき「化」なのです。

この世界の真実の祈りはイエス・キリストの祈りだけです。それはすでに私たちの最深部にマグマたまりになっています。

教会および父なる神さまから離れていないのはイエス・キリストのみです。あのたとえ話のように、弟的離れ・兄貴的離れの違いはあっても、すべての人は何らかの意味で離れを纏《まと》っています。

部屋の中のミサ、世界の中のミサ。ミサもまた福音化の途上にあります。

ここは同じ離れ組合員同士、世界の人々と一緒になって、イエス・キリストへ。こんな視点が生まれたら、文字どおりカトリックは化トリックとなり、シノドスの言う新しい福音化力を身に付けることができるようになるのかもしれません。

二十六 「発見」の問題

(一) プチジャン師の「発見」

一八六五年三月十七日に起こった、大浦天主堂の昼下がりの出来事を記念する時がついにやって参りました。いわゆる「信徒発見」の出来事です。

いわゆると書いたのは、便宜上そう呼ぶということであって、必ずしも、二五〇年余におよぶ潜伏の末、絶え果てたと思われていた日本の信徒が発見されたという事件が起きたということだけではないからです。それは信徒たちから見れば神父発見であり、両者から見れば「オナジムネ」の発見であり、浦上村の男性信徒から見れば、杉本ユリを会長とする女性の会の恐るべき強さの発見でもあったことでしょう。

今その一五〇年目の節目にプチジャン師とともに発見すべきものは何か。長崎教区がシノドスを終えて歴史的再出発を試みようとするこの時、じっくりとこの命題を掘り下げてみる必要があるのではないでしょうか。

あの日、プチジャン師が目にしたのは確かに幾人かの信徒の姿でした。しかし彼は宣教のプロとして、その背後に別の者を見ていたにちがいないのです。激しい迫害下で、信徒は心の地下深く潜伏しました。そしてリーダーである宣教師たちは表舞台から消えて行きました。しかし宣教師プチジャンの目は確実に捉えていたはずです。その潜伏の初めから終わりまで常に、イエス・キリストという一人の宣教師がとどまり続けておられたことを。

宣教師は一人もいなくなったのになぜ？　世界の驚嘆を呼んだのはこのことでした。しかし信仰の目はもう一つの次元を見据えていたのです。だから、プチジャン師とその仲間たちは馬で浦上村に出かけたり、わざと馬から落ちたりして、信徒の気配をうかがっていたのです。宣教師がいなくなり、イエス・キリストのパンの分け合い、すなわち祭壇上のミサはなくなりました。しかし師たちがその鋭い信仰の感覚で探していたのは、祭壇上のものではないが、確実に祭壇につながったイエス・キリストご自身による直接の分かち合いというミサの気配です。

キリシタンたちはまず、「サバト寄り」と言って毎週土曜日の夜に集まって祈りをしていました。そこでバスチャン暦*による季節の典礼について話し合ったことでしょう。さらに持ち物を分け合い。悩み苦しみ、そして小さな喜びの断片なども持ち寄ったことでしょう。しかしそれよりも何よりも、その自分たちの分かち合いの真ん中にイエス・キリストがおられるということを知っていたにちがいないのです。

だから潜伏は単に表面上のことであって、そこに宣教師は確かに居たし、別の形でミサは続けられていたのです。

あの日プチジャン師が発見したのは、この信仰の神髄だったのではないでしょうか。

*バスチャン暦　禁教時代、隠れキリシタンの組織のリーダーとして帳方という役職があり、バスチャンと呼ばれる日本人修道者が伝えた教会暦である。西洋教会の太陽暦と、当時の日本の太陰暦とは祝日がずれる。太陽暦の祝日が太陰暦ではいつに当たるかを信徒に知らせて信仰活動を行った。

(二) その後の「発見」

とある教会の日曜日の朝、一人の小さな女の子がおばあちゃんに手を引かれて教会にやって来ました。やがてミサは進行し、聖体拝領の段階になった時、彼女は尋ねました。「おばあちゃん、どうして神父さまのパンは大きくて他の人のパンは小さいの?」と。これに対しておばあちゃんがどのような答弁を試みたのか、残念ながら確認してはいません。不覚と言うほかありません。なぜなら、この問題提起はその後の重要な「発見」につながるものであったからです。

言うまでもなくこのパンの大きさの違いが指し示すものは、「パンを裂いて分け与える」(ルカ24・30参照)というキリスト教の基本動作に由来するものです。人々が拝領するパンは実はすでに裂いて分けられたものだったのです。だから司祭は自分だけ大きなパンを一人占めにするのではなく、それを裂いて人々に差し出し、「神の小羊の食卓に招かれた者はさいわい」と宣言するのです。

初代教会の信徒たちはたぶん、まだ十字架のしるしというキリスト者のしるしを持ってはいなかったはずです。彼らが持っていたしるしは「パンを裂いて分け与える」こと、すなわち分かち合いでし

た。エマオの弟子たちのキリスト体験、すなわち復活体験も同様のしるしを伴ってなされました（ルカ24・30参照）使徒たちの体験も同じです。（ヨハネ6・11参照）。そしてこのことを、「伝えるべき記念」として受け取ったのです（ルカ22・19参照）。

あの女の子の発言は、祭壇上の分け合いはなされているものの、これと一体となった日常の「分かち合い」というしるしが、今や逆に潜伏してしまっていることへの素朴な疑問であり、同時に問題提起だったのではないでしょうか。

（三）教区シノドス教父たちの「発見」

イエス・キリストの復活の報に接し、信じられずに希望をなくした二人の弟子がたどったというエマオという地は、実際にどこだったのか、特定するのはほとんど不可能なのだそうです。

もしかしたらそれは、目の前の道が消えてなくなり、希望を失った者たちがたどる、暗黒の別の道の向こうにある地なのかもしれません。

信徒発見一五〇年の節目に、暗黒とは言えないまでも、いまだ潜伏から覚めてはいないかに見える長崎教区に一条の光を求めて、五十数名の賢者たちが必至の分かち合いを試みました。

この賢者たち、すなわちシノドス教父たちがその分かち合いの途上で発見したものは一体何だったのか。

その実りとして示された提言文に示されているように、キリスト教の基本である祭壇上の分かち合い、そしてそれと一体となったシノドスの分かち合い、そして日常の分かち合いに、他ならぬイエス・キリストご自身がおられるということだったのではないでしょうか。だから、初代教会の信徒たちの、当時の世界から見れば潜伏にも等しい小さなグループの小さな分かち合いを示し、そこから出発しようと呼びかけているのだと思います。そうすれば必ず仲間が増えると。

シノドスの教父たちは発見したにちがいないのです。ただ、仲よくして分け合っていれば仲間が増えるのではなく、プチジャン師とその仲間たちが発見したように、その分かち合いの真ん中に（ルカ24・36参照）イエス・キリストご自身がおられるということを。

だからこそその魅力で仲間が増えるのであり、イエス・キリストなき分かち合いは、やがて自分たちだけの囲い込みとなり、セクト化し、これを維持するために、やたらと他を排除し、教条化、律法化、果ては原理主義化の道をたどるしかないのだということを。

だから、膨大な予算を要する会議をやめようとか、研修会も少なくとか、イベントも役に立たないとか、いろいろ意見もあるが、断固として続行を主張しているのです。

なぜなら、会議には事実そんなに金などかかってはいないし、何よりもこうして人々の集まりと分かち合いを、イエス・キリストが現存されるものへと変化させることができることを、すなわち福音化への新しい熱意と方法と表現への手応えを感じ取ったからです。

(四)「シェアリングの木」を植えよう

ある国の大統領に側近の一人が、その国の命運に関わる重要な政策を、植樹に例えて進言したという話があります。

「大統領、この木はわが国の未来を明るく照らす灯《ともしび》となります。ただし実がなるのは百年先のことです」。これを聞いた大統領は、「それでは何はさておき、大急ぎでその木を植えよう」と、その側近に指示したという。こんな指導者を持つ国はなんとも幸せと言うほかありません。

うわさによると、シノドス勧告に鋭く反応した教区組織のある部門が、百年の計で急いで一本の木を植える準備を進めているのだとか、それは、直接宣教の使命を放棄してしまったかに見えるわが教区に一石を投じる、画期的方法と表現を駆使したテキストだということです。みごとな組織間の連携と言わなければなりません。

それは信徒でない方々をも交えた分かち合いの書だそうです。潜伏二五〇年余、キリシタンたちが発見し、プチジャン師やシノドス教父たちが捉えた、分かち合いのただ中におられるイエス・キリストを力強く紹介するものとなるよう願ってやみません。

分かち合いのことをカタカナ語で「シェアリング」と言います。「シェアリングの木を植えよう」。この言葉がこれからのわが教区の合言葉にでもなれば、その時こそ晴れて、シノドスは大成功だったと言えるのではないでしょうか。

二十七　集団的宣教権の問題

（一）集団的宣教権

今、日本の地において集団的自衛権という言葉のもとに戦地に赴き、決して戦争に巻き込まれることはないと主張しつつ戦争に出かけようとしている方々がいます。反対派の人たちは、それは事実上集団的戦争権だと主張して世界で戦争をもくろんでいると言います。戦争をするために出て行こう、出て行こうというのは積極的平和主義ではなく戦争主義だというわけです。

両方の主張とも同じ根拠すなわち国づくりの基本である憲法をよく読めばそうなるのだそうです。

一方わが長崎教区内に目を転ずれば、集団的宣教権（みんなで宣教）の問題は正直なところ問題にも話題にもなってはいません。しかし教会づくりのよりどころである公会議公文書は、誰が見てもその行使をうながしていることは明らかです。

国づくりの基本は憲法にあります。現代の教会づくりの基本はもちろん原典である聖書と公会議公文書にあります。

国は個別的自衛権ではもはや国を守ることはできないということで、集団的自衛権（実は戦争権）を主張しています。

一方、長崎教区は間に合わせ程度に個別的宣教権を行使してはいますが、年々減少していく信徒数を見るだけでも、その程度では、とうてい間に合わないことは明らかです。

こういうわけで、国とわが教区ではそのよりどころとするものへの向かい合い方がまるで逆のようです。

何とかこの辺をうまく調整して、出かけるべき者が出かけ、出かけてはならない者が出かけないようにはならないものでしょうか。

（二）想定超え

「神父さん、鉄砲の弾はどこから飛んでくると思いますか」。これは共に食事をしていた時、戦争最前線で戦った体験を持つある方が発した質問です。

当然敵の方から、つまり前の方から飛んでくるに決まっているのではと答えると、それは戦争を知らない者の答えだというのです。

「鉄砲の弾は後ろから、つまり味方からも飛んでくるんですよ。日頃いじめられて上官に恨みを持つ連中がどさくさに紛れて撃ってくるんですよ。要するに戦場というのはメチャクチャな世界なんですよ」と。

お国のために命をささげるという、うっとりするようなきれいな言葉がありますが、実際の戦場はそんなきれいごとなどとはまったく無縁の世界なのだと言う。

敵と戦って健闘むなしく銃弾に倒れたのならまだしも、多くの兵士たちが飢えと病に侵され、ウジ虫のように泥沼の中で命を落としていく。これが戦争の実態なのです。

故聖ヨハネ・パウロ二世教皇は一九八一年二月二十五日、広島平和アピールの中で、「戦争は人間の仕業です」と断言し、さらに「戦争は死です」という言葉を重ねられました。

まさに戦争は次々と人間の屍《しかばね》を製造し、辺りにまき散らす行為です。

しかし故教皇が訴えたかったのは、そんな戦場に横たわる屍のみのことではなかったのではないでしょうか。

戦争は人間の仕業であると同時に、他ならぬその人間そのものの死、すなわち人間が人間であることをやめる行為であると言いたかったのではないでしょうか。

そしてそれは戦争最前線であの一人の兵士が見た光景でもあったのです。

戦争は確かに人間の仕業として始められますが、やがて人間の想定をはるかに超えて、魔の世界へと突入する行為です。もはや人間ではなく、魔が高笑いしつつ縦横無尽に暴れ回る世界です。

戦争ではなく宣教も人間の仕業でありますが、同時に人間の死でもあります。ただしその死の向こうに屍がるいると横たわるのではなく、次元を超えた命が輝きでる行為でもあります。

このことは、この道四十六年の筆者の貧しい宣教体験をわずかに顧みるだけでも明白です。

おそらく万の数字で数えられる回数、説教壇に上《のぼ》り続けたことになります。その中には、われながらほれぼれするような内容のものも時にはありました。ところが、そういう時に限って真意が伝わらないし評価も好ましいものではない。そんな体験をして落ち込んでいると、こんな報告が入ってきたりします。

ある家庭で夕食の時に、神父さんのミサの説教が話題になったというのです。ところが、子どもの感想、父親の受け取ったこと、母親の思い、みんな違っていたと言うのです。

これを聞いて「ああ、舌足らずで何にも伝わらなかったな」と、さらに落ち込みかけたのですが、これまた意外、神父さんの説教はすごいですね、と言う。どういうことかと聞き返すと、それぞれの耳に、それぞれ違って聞こえる説教ができるとはすごい、というわけです。

何だかからかわれているのかと思ったら、そうでもないらしい。もうこうなると、何が何だか訳《わけ》が分かりません。まさに想定超えのことが起こってしまったようです。

そこで最近はこのような現象に対して、説教の真意が伝わらなかったということではなく、ちょうど聖霊降臨の日にそれぞれ違った国の方々が、それぞれの国の言葉で福音を受け取ったように、わが貧しい説教もそんな豊かな結果をもたらしつつあるのだというふうに考えることにしています。

少々破れかぶれぎみではありますが……。

(三) 自然栽培

青森県に木村秋則という名の方がおられます。「奇跡のリンゴ」で有名な自然栽培の研究者であり実践家です。

稲作も手がけておられるのですが、十年におよぶ試行錯誤の末、心身ともに疲れ果てて諦めかけていた時、大自然がどのようにして互いに命を育て合うか、いまさらのように悟ったのだそうです。

人間は自分の都合で木や草を雑木《ぞうき》とか雑草とか言って勝手に差別し排除しますが、自然は決してそんなことはしません。確かにリンゴでも稲でも最初の頃はいわゆる雑草がはびこり、主役のリンゴの苗も稲も細ってきます。

そこでほとんどの人は雑草を取り除く行為に走るのですが、そこをじっと我慢していると、やがていわゆる雑草が身を引き、主役のリンゴや稲を支え始めるというのです。

みごとな大自然の共生のスゴ技です。

仲間の国がいじめに遭っている、出て行って助けてあげよう。これは集団的自衛権を主張する方々の、一聞すればほろりとする言い分です。

しかしそれは一方の国を、いわば雑草として武力を持って排除することです。

そこでじっと我慢して、自然界にも増して人間の中に備わっているであろう共生する力を見いだすための、人間の自然栽培に乗り出せないものでしょうか。積極的で平和で安全な戦争という矛盾に満ちた奇妙な魔物を持ち出す前に。

(四) 宣教力の自然栽培

この道四十六年、わが渾身の説教はもろくもずたずたに引き裂かれてしまいました。

しかしそれは不毛な徒労ではなく、何者かが仕掛けた想定超えの集団的宣教権（みんなで宣教）の行使の自然栽培そのものだったようです。

分け合い分かち合いつつ進む宣教行為、すなわち福音化活動はとっくに始まり、とっくに進んでいたのです。

出かけていないと思われたわが教区民の、したたかな自然栽培的集団的宣教への出かけに改めて敬意を表しつつ……。

二十八　暖簾《のれん》の向こうの問題

（一）暖簾に腕押し

「神父さんと話していると暖簾に腕押し、何とももやもやが残って……」。こんな感想を頂くと、少々変態気味の筆者は、「そんなに褒めてくださるな」と、ついついはにかんでしまいます。

相手はいら立っているのに、こんな対応は失礼千万な話です。

こんな感想の背後にあるのは、現代のとても真面目な司牧者、真剣に考えているキリスト者のいら立ちですから、本当はキチッと向かい合わなければならないわけです。しかし現代の何でもありの状況を前にしては、ひたむきに真面目にと同時に、暖簾に腕押し的発想がなければ、とうてい突破できるものでないことも事実です。

早い話が今日の午後にも、とても真面目な同性愛の方が教会に来られて、「近々結婚式を挙げたいので、よろしくお願いします」と言われたらどういたしましょう。それは簡単、呪って帰せばよいということになりましょうか。しかし私たちカトリック者のボスであるフランシスコ教皇はこんな問題にも真剣に向かい合おうとしてシノドス（代表者会議）を開いておられます。それなのにその配下にある真面目な私たちが素通りしてよいわけがありません。

かと言って、スパッと解決する術を心得ているわけでもありません。かと言って無視するわけにもいかない。こうして何とも煮え切らない態度にならざるを得ないということになります。

その他にも、できちゃった婚、授かり婚、離婚問題、離婚者の聖体拝領、中絶、果ては集団的自衛権など、一筋縄ではいかない有象無象《うぞうむぞう》の問題がひしめいています。真面目であればあるほど、社会とともに歩もうとすればするほど、いら立ちは募《つの》り、暖簾を一気に引き裂きたくもなってきます。

暖簾に腕押しでもなく、引き裂くでもなく、例えばその暖簾にそっと手を掛けて、かき分けてみたら、そこに予期せぬ世界が広がっていたという、夢みたいなことは起こらないものでしょうか。

(二) そこで福音化

カトリック教会においては、同性婚などと言おうものなら聞こうものなら、ひところまでは「いやらしい　けがらわしい、聞くもいや、口にするのもいや」という状況だったのではないでしょうか。

曖簾に腕押しどころか、スパッと解決済み、ダメヨ、ダメダメ、その対応は明明白白だったのです。

それが今や、教会の最高責任者ご自身が、まともに向かい合おうとしておられるのです。

勇気を持ってこれらの難題に向かい合おうとしている教皇の内面の深みは知る由もありませんが、その根底に福音の実力への絶対的信頼があることだけは確かです。

イエス・キリストという福音の巨大な袋は、人間のどんな難題も軽々とその中に収めて、母なるおふくろのように、これに命を注入していくことができることを知ってしまったのでしょう。

だから、人間の手あかや添加物が相当混じってしまった教義や数々の掟《おきて》がアップアップして、もう手に負えないとギブアップしつつあるこれらの問題も、解決はしないかもしれないが、ひとたまりもなく解消させることができると考えたにちがいないのです。

解消とは目の前の問題がもはや問題でさえないほど、異次元の世界に解放されていくことです。

さまざまな硬い金属を自分の懐に入れ、ドロドロに溶かしてかき混ぜ、余韻たっぷりの音を放つ鐘へと仕上げる坩堝《るつぼ》という器があります。

イエス・キリストの福音は現代世界の諸問題を、福音という妙なる音色の鐘へと仕上げるのに、十分な威力を発揮する器なのです。

ですから、現代教会が目指すべき一点は、ボスの勇敢なる挑戦に倣い、教条主義、律法主義を脱して、福音の坩堝という新しい革袋を用意し、その坩堝力すなわち復活力に信頼して、問題の解決ではなく、したたかな解消力を身に付けることではないでしょうか。

(三) 弟子たちの福音化

「なぜ大切な掟を守らないのか」(マルコ2・18、24参照)。これは掟こそ神のご意志の表現であり、これを守ることこそ神のみ心にかなうことと信じて疑わなかった方々が、イエスご自身にぶつけた質問です。

これに対して与えられた答えは、花婿が一緒にいるので、断食という掟は、もはや問題でさえないというものでした。

なんという曖簾に腕押し的答えでしょう。質問者にはチンプンカンプン、何が何だか分からなかったことでしょう。

では弟子たちは分かったのでしょうか。彼ら自身は、この質問にキチンと答えることのできる理論を持ち得ていたのでしょうか。

仕事中に突然呼び出されたらしい彼らに、ましてやエルサレム神学校を卒業したとも思われない彼らに、そんな理論武装ができていたとはとうてい思えません。

分からないということでは彼らも質問者たちも同類だったのです。ではどこが違っていたのでしょう。

それをあえて言葉にするとすれば、弟子たちはすでに、花婿イエス・キリストと共にいたということです。別の言葉で表現すると、「あれあれ、言われてみれば掟を守っていなかったよね。あっはっは！」というところでしょうか。

それは、あくまでも律法（掟）にコチコチで、それをもって神さまのご意志を実行していると思い込んでいる方々を排斥し、軽蔑してのことではありません。

そのお立場を十分尊重しながらも、自分たちは、もうとっくにそういうレベルをはるかに超えてしまっているのですということを、ごく自然なそのままの姿で結果的に強烈に主張していたのです。律法（掟）を守るとか守らないとかに振り回される世界から解放され、自在の境地に入り込んでいたのです。

花婿イエス・キリストと共にいるとはそういうことであり、そういう意味で弟子たちは、福音化されつつあったということになりましょう。

もちろん彼らとて、常にそのような境地にいたわけではありません。時には内部の権力争いに巻き込まれ、掟にこだわり、保身に走ることもあったことでしょう。

しかし全体として掟の暖簾の向こうの神さまの福音に触れ、イエス・キリスト体験に誘われるという方向は一貫していたのです。

福音の世界に常に浸っていたとは言えないまでも、一度福音体験、すなわちイエス・キリスト体験の味を占めた彼らは、その体験が基準となって、世の何でもありを判断していく人間へと変えられていったのではないでしょうか。

（四）暖簾を抜けると

「……トンネルを抜けると雪国であった」。

これはかつてノーベル文学賞を受けた日本の有名な作家の『雪国』という小説の書き出しの言葉です。

真っ白な雪の世界に象徴されるこの作家独特の日本の美の世界を表現したものと思われます。

こんな表現で日本美の世界へと読者を誘っているのです。

「暖簾をかき分けると福音の世界であった」。弟子たちの福音体験すなわちイエス・キリスト体験もこのように表現できるのかもしれません。

腕押ししても動かないほど堅いユダヤ社会の律法（掟）暖簾を、気づいてみたら難なく突破して、福音の広大な世界に導き入れられていた。花婿イエス・キリストとこの世界の結婚、この壮大なる結婚からはみ出す結婚などこの世にあり得ない。たとえそれが同性愛であろうと。

暖簾の向こうにはこんな世界が潜んでいたようです。

なんとももやもやの残る、どこかの腕押し暖簾とは、まるで別物ではありますが……。

二十九　離れ業の問題

(一) にぎやかな現場風景

結婚は本人たちの自由ではないですか。どうして教会が介入するんですか。第一、結婚もしていない神父さんたちが結婚のことが分かるんですか。

昔はそういうことを言う者は一人もいなかったのに、どうしてこういうふうになってしまったのか。親はどうしていたのかしらん。親の顔を見てみたい。もっとバシッと言ってやらんといかんのじゃないですか。近頃の神父さんたちは優し過ぎる。

準備ができていないから堅信を受けさせないと言うと、逆にありがとうございますと言って、離れて行くというではないですか。

また一方では、こんな対話も。

いやいや、人間はみな神さまの似姿、神さまを原型として創られているのだから、神さまから離れることは構造的にできないのだ。そのような実力を持った者はこの世界には一人もいない。

結婚は自由じゃないか、堅信を機会に教会離れを言う者がいれば、ちょうど子どもが親離れをするのと同じように、むしろすばらしいこととして、まずその考えをバチッと受け止め、他ならぬそのことを素材として、これまでにない表現によるカテキズム（信仰教育の技法）を立ち上げるべきではないだろうか。

聖ヨハネ・パウロ二世も言っておられる。これまでの技法では通用しなくなっている。新しい方法、表現、熱意を生み出しなさいと。

そんなのは言葉飾りで、それでは現場は変わりませんよ。

敬虔な読者の方々にはつまずきになるような事柄が、教会の司牧現場には満ち満ちています。

それでも現場を預かるリーダーの方々は、こんな生々しい問題に満ちた現場風景の中で、時には興味津々、時には打ちひしがれながら過ごしているのであります。

さて、こんな果てしなき問題の決め手となる解決法はあるのでしょうか。残念ながら簡単には見つかりそうもありません。

懇切なる説教、脅迫、褒め殺し、泣き落とし、いずれも効果的決め手として通用する手段とも思えません。

どこかに神の離れ業とも言えるような、決め業はないものでしょうか。

(二) われ忘れ・われ離れ

ある人に二人の息子がいました。弟の方が父親に、「お父さん、私が頂くことになっている財産の分け前をください」と言い出しました。

物分かりのいい父親は、すぐに財産を二人に分けてやりました。

ご存じ、俗に「放蕩息子のたとえ話」(ルカ15章)と呼ばれている物語です。

弟は、早速もらった財産をまとめて出て行ってしまいました。

しかし、そこで食い詰めてしまい、ようやくわれに返って、父のもとに帰っていきます。

父親はわれを忘れてこの子に駆け寄り、この子は死んでいたのに生き返り、いなくなっていたのに見つかったと言って、祝宴を始めたというのです。

この物語は「放蕩息子のたとえ」と言われており、その主人公は出て行った弟であるかのように受け止められているようです。

しかし、聖書にはもともとこんなタイトルは付けられてはいなかったのです。

実はこのタイトルを付けたということが、この物語の真意と深意、そして神意を見えなくしているとも言えます。

確かに、弟が父親離れをしたということははっきりしています。では兄の方は離れていなかったのでしょうか。

父の心を理解していなかったということでは兄も弟も同じだったのです。

この物語はむしろ、父親離れの二つのタイプを述べているというのが真実のところでしょう。

そしてとにもかくにも、弟はハッとわれに返り、父のもとに帰ることができました。

お兄ちゃんの方は物理的に父親と共にいたので、その父親から離れているとはついぞ思ってはいなかったので、むしろ父への帰りが難しかったと言えるのではないでしょうか。

兄ちゃんは優等生です。ちゃんと父親の言いつけを守っています。非の打ちどころがありません。

ただ惜しいことに弟の帰りを父親と共に喜ぶことができませんでした。自分の弟なのに「あなたのあの息子が」（30節）などと、冷酷に突き放し、父親に食ってかかりました。父の心を心とすることができませんでした。

この物語の主人公は言うまでもなく父親ご自身です。名を付けるとすれば、「父のわれ忘れ・われ離れ物語」ということになりましょう。

弟が帰ってきたと言ってはわれを忘れて駆け寄り、兄が気分を害していると聞けばわれを忘れて必死になだめる。

親バカもほどほどにした方が、と言いたくなるような、この父親のわれ忘れ・われ離れぶりです。

この度外れの離れ力こそ、この物語の唯一最大のテーマなのです。

(三) 第三の息子

この物語には実は、もう一人の息子が黒子のように控えているのです。それはこの物語を語ったまさにそのお方です。

この息子も父と同様に離れの名人です。離れとは教会離れとか御父離れではなく、もちろん、われ忘れ・われ離れです。

離れ離れてその成れの果て、とうとう十字架の上に変わり果てるまでわれを離れてしまいました。

この離れ業は父親譲りというより父親そっくり、父親そのものです。

ですからこの方のみが御父から離れてはいなかったのです。他の者はすべて、何らかのレベルで離れています。

なぜなら、少々ややこしい表現で恐縮ですが、この息子を除いて他の者は、神のこれほどの離れ業を自分のものにすることはとうていかなわないからです。少しでもそれが可能になるとすれば、この息子と連なることによってのみです。

この息子はこの物語に登場する兄のように、御父と共にいると同時に、弟とも共にいます。

御父から離れてこの世界にまで出かけたということでは弟に似ているのですが、それは御父の離れ業をこの世界にもたらすためです。

弟のようにわれに返るだけではなく、われを忘れ、われを離れることを知っておられるのです。

(四) 離れには離れを

釣りの名人は釣り糸を海の底に垂らし、全神経を指先に集中して、底の様子を探ると言う。

海面の動きと海底の流れは必ずしも同じではないことを知っており、底の流れは実は天体が生み出していることを知っているからです。

司牧の名人は人々の心の底に釣り糸を垂らし、全神経を集中して心底の様子を探るにちがいありません。

表面の毒づきとは裏腹に、人間の底は天すなわち神と結託して形成されていることを知っているからです。

表面の身勝手と思われる離れは、必ずしも心底すなわち本音の離れではないことを知っており、むしろそれは心底にとうとうと流れる神のわれ離れへのあこがれの表現であり、その欠如から来る人間の悲鳴としてこれを聞き取るのでしょう。

ただ名人ならぬ身には、これはとうてい及ばぬ領域にて、目には目を歯には歯を、相変わらず牙をむき出しつつ格闘技を続けるしかありません。

それでもいつの日か、神の離れ業を身に付けて、離れには離れをもって対応できるようになれればと願う今日この頃です。

三十　8・8大地の記憶の問題

(一) 命の同心円を

今年も平和を思う季節が巡ってまいりました。

二〇一六年六月十五日、ニューヨーク国連本部にて宗教者の平和への取り組みについてシンポジウムが開催され、これに参加する機会を得ましたので、今回はその報告を兼ねて、その折に提題させていただいた内容をもとに綴ってみることにしました。

長崎の宗教者が互いの垣根を越えて交流を始めて、はや四十数年の時が流れ、その懇話と交流はその成熟度を増しつつあるように思われます。

この懇話会の発足とほぼ同時に始められた長崎原爆殉難者慰霊祭には、近年、イスラムの方々も参加するようになり、ますますグローバル化されつつあります。

この慰霊祭は私たち長崎宗教者懇話会のメイン行事であり、毎年原爆投下の八月九日の前夜に爆心地公園にて開催されているものです。

神道、仏教、キリスト教、諸宗教、新宗教のそれぞれの典礼に平和祈願という共通のテーマを含ませて営まれるこの祭典は、それ自体が平和の原型を世に示すものとなっていると確信しております。なぜなら、それぞれが違いを違ったまま披露し合い、しかも一つとなることを目指しているからです。「違って一つ」という共生の目に見える姿を造り上げようとしているからです。

一発の原爆の炸裂《さくれつ》によって、死の同心円が広がっていったまさにその地で、核物質の融合ではなく、宗教の奥深い理念に支えられた人間の核、すなわち人格の融合によって、死の同心円ではなく、命の同心円を世界に広げていきたい。これが長崎の宗教者の理念であり悲願です。

(二)　違うからこそ

この世界において、平和を願う活動はさまざまな形で展開されています。長崎の宗教者はそれらの平和運動ないし活動に心からの敬意を表するものです。

しかし同時に宗教者独自の視点から、宗教者ならではの活動の在り方も模索される必要性を痛感しているところです。

それは世界の表面を眺める時、融和と癒やしを世界に奉献すべき宗教が、悲しいことですが逆に分裂と対立を生み出しているように思われてならないからです。


日本の禅文化を海外に広く知らしめた有名な仏教学者で鈴木大拙という方がいます。この方が聖書の有名な「敵を愛せよ」（マタイ5・43）という言葉に関して、こんな意味のことを言っておられます。

「敵を愛せよ」も悪くはないが、最初から敵など認めないのが東洋思想の汪洋《おうよう》として海のように広い態度であると。

敵をはっきりと確定し、その上でこれを愛するという平和運動と、最初から敵など造らないのだという平和運動、ひいては東洋と西洋の考え方の違いを示したものと思われます。学者の深い思いは明確には分かりませんが、この問題提起はわれわれ宗教者にとっては、平和の原点について考える上で大きな示唆を与えてくれます。

敵と言えば弾丸飛び交う戦場の敵を思い浮かべますが、この言葉を自分とは違う者、異質のものと捉えるならば、世界はすべて違った者たちで構成されているわけですから、これは認めないわけにはいきません。

では違ったものが違ったまま何のつながりもなくバラバラでいいかとなると、これも平和とは言えなくなります。

異質を異質として大事にしつつ、違っていてもではなく、違っているからこそ一つになれる。

これこそ、敵という強い言葉に込められた思いと、これを克服することの宗教的醍醐味のすごさを聖書は発信しているのだと思います。

(三)　8・8慰霊祭

先年亡くなった諏訪神社宮司の上杉千郷《ちさと》師が教えてくださったことがとても印象深く、今も夏が巡ってくる度に思い出すことがあります。

それは、巫女《みこ》さんの舞いはまさしく舞いであって、踊りではないということです。

舞いとは回ることであって、数字の8の字を描いて足を運ぶのが基本中の基本であると。

静々とひたむきに、回って回って、しきりに大地に二つの円である8の字をきざみつける作業を繰り返すのだというわけです。

そうすると、8の字はゼロつまり円が二つ組み合わさって出来上がっていますから、8・8となると合計四個の円が重なることになります。

まさに巫女さんたちの舞いこそ8・8慰霊祭にふさわしい典礼ということになりましょう。

きりきり舞いはそれだけではありません。

五年ほど前からトルコのイスラム教の方々がこの8・8慰霊祭に参加していますが、この方々の祈りがまた、巫女さんたちの祈りによく似ているのです。

ただ違うのは、彼らの舞いの方がスピードがあるというだけです。

クルクルクル、キリキリキリ、錐《きり》もみ状に回って回って、地球の内部深くまで祈りを穿《うが》ち抜こうとでもするかのようです。

物好きの方がいて、じっと目を凝らして数えてみたら、昨年は一八三回も回転していたとか。

これだけ回転が付いてくると、こちらの目も回ってきます。同時に頭の中も回転していろいろな思いが浮かんできます。

彼らが穿とうとしている長崎の大地には、いまだ無数の原爆犠牲者の骨が埋まっています。真夏の大地はひび割れて傷口を広げて何かを叫ぶかのようです。

ひび割れは朝露夜露わずかな命の水でも、その傷口から吸い込もうとします。恵みの雨が降れば、もちろんこれを取り入れ、地中深く吸い込んで地表のあらゆる命を育みます。

育まれる命は無限なほど多数であり、人間のように雑草とか雑木《ぞうき》と言ってこれらを差別することはありません。確かに人間の目には害虫がおり益虫がいるように見えますが、自然はそのバランスを心得ています。バランスを崩しつつあるのは、人間自身のようです。

平和の原点である共生の目に見える手本は大自然の中にあります。学者鈴木博士が指摘する敵を造らないという東洋の思想は、こんな自然観に根ざしているのかもしれません。

爆心地の中央には石柱がそびえていますが、キリスト者はこれに横棒を加えて十字架として捉えるにちがいありません。

上空五百メートルで炸裂した原爆は天と地の惨憺《さんたん》たる亀裂ですが、これを結び、右と左、さまざまな違いが結び合わされるべく、クルクルクルクル、キリキリキリキリ、この十字架も回転し始めます。

やがてそれが真っ白な円へと変容し、さながら祭壇上の白いパンへと連なっていくことになれば、これはもはや爆心地での諸宗教融合であり、違って一つの体現そのものです。

こんな思いめぐらしは少々回転のし過ぎということになりましょうか。

(四) 通　夜

蝉《せみ》は真夏の太陽のもとで必死の命の叫びをこの世界に奉献して、わずか一週間の生涯を終えていきます。

ただし七年とも八年とも言われる時を地中で過ごすという。

あの必死の祈りは長い長い大地の中で、いわば通夜の中で育まれたものだったのです。

8・8慰霊祭は、翌日の8・9原爆記念・平和祈念への通夜の時でもあります。今も長崎の大地の闇に眠る原爆犠牲者の方々の祈りと叫びに聞き入り、これと連なってこの世界の大地に染み入るような祈りをつくり上げねばなりません。

そう言えば、ニューヨーク行き帰りの機内にも、飛行航路を示す、丸い地球画面があって、8・8の祈りに和してその行方を指し示すかのようでした。

三十一　現代人の宗教離れの問題

（一）チャンス

毎年二月、広島と長崎の宗教者が平和問題を巡って交流を始めて、かれこれ三十年近くにもなります。

今年はわが中町教会を会場に、平和問題とは少しずれるのですが、「現代人の宗教離れ」をテーマとして開催されました。

このテーマは宗教者にとって平和問題以上に直接関わってくる問題なので切実なる意見が交わされました。

まず宗教離れと言っても少々抽象的なので、葬式の宗教色抜きという切り口から見てみようということになりました。

大手の葬儀社の社長さんも参加しておられたのですが、年間四五〇から四六〇件ほどの葬儀を取り扱っているが、五、六年前まではそのうち約六パーセントほどがいわゆる無宗教方式であったのが、去年から今年にかけて一二、三パーセントに増えたというのです。

加速するこうした現象の情報を耳にして、広島の宗教者も長崎の方々も一様に頭を抱えてしまいました。

中にはとても深刻な顔をして、このままでは飯の食い上げだと言わんばかりの様子です。

ついに宗教界は、この二十一世紀をもって絶滅種となると思われたその時、一人のベテランのお坊さんが力強く発言されたのです。

皆さん、悲観する必要はないですよ。逆に絶好のチャンスではないですか。

一般の人には難解なお経を唱えるのもいいが、身内の死に出会って神妙になっているこの時こそ、人生の意義について語るチャンスであり、往々にして現代の宗教者はこの本来の務めを怠っているのではないかという鋭いご指摘です。

死すべき者として生きている人間は、その構造上宗教的であり、表層においてはともかく、その存在の深層において、すべての人は神ないし仏、すなわち自分を大きく抱擁する大いなるものの存在に必死にあこがれているというわけです。

つまり、この先生が言いたかったのは、現代人の宗教離れではなく、宗教者の現代人離れということだったようです。

宗教者は人間の存在の深層を見つめ、そこに神仏を注入せよと。少々難解な話ではありますが、一も二もなく納得した次第です。

(二) 帰りたくない、帰れない

筆者が司牧に携わる教会の名は中町と言います。文字どおり町中にある教会です。そのせいか、いろいろな方々が訪れるので、おかげで退屈せずに過ごせています。先日も一人の若者が深夜十一時過ぎに飛び込んで来ました。ぜひ話を聞いてほしいと言う。

今日はどうしても家に帰れないというのです。自分は少し「うつ」の傾向があり、会社もそれを理解してくれて、同僚もよく気を遣ってくれる。家族も同様に配慮してくれる。だからとても恵まれているのだ、と言うのです。

それでもと言うべきか、だからと言うべきか、家に帰りたくないので、会社の仕事を終えてこの時間まで町をぶらついていたというわけです。

小一時間も傾聴し、少し落ち着いた頃合いに、「どうですか。帰りますか」と問うと、やはり帰れないと言う。今夜は町のネットカフェで一夜を過ごすのだと言って、トボトボと夜の闇に消えて行きました。

恵まれているのになぜ、現代っ子の甘えだ、この世界には今夜の食事にもありつけない極貧の方々もいるというのに。

こんな話を聞くと、たちどころにこんな反応が返ってきそうです。そしてそれは、それなりに的を射ていると思います。

よくしてくれる人とつながっても不満、一人になれば、これまた不安な現代人。帰りたいけれど帰れない現代人。

こんな現代人にあのベテランのお坊さんはどんなメッセージを送るのでしょうか。

（三）人間のＦＦＫ

私事で恐縮ですが、最近、帯状疱疹というものを体験させていただきました。一時的に腕に湿疹が出る程度のものと軽くみていたのですが、神経直撃の猛烈な痛みに悩まされることとなりました。

これはかつて水疱瘡《みずぼうそう》を患った者が、その後もその原因であるヘルペス菌というウイルスが体内に潜伏していて、これが何かのきっかけで表面に現れ出るものらしい。

昼間はいろいろな忙しさに取り紛れて、痛みを紛らわすこともできるのですが、夜はどうしてもこの痛みと直接向き合わざるを得なくなり、ごまかすわけにはいかなくなります。

人間とは厄介なもので、一人でいると気楽でいい反面、不安になります。では他の人とつながり、群れに加わると、今度は不満が噴出してきます。

一人でいても、つながっても、結局は孤独に陥ってしまいます。これを人間の構造的悩みＦＦＫ、すなわち不安・不満・孤独と言うのだそうです。

人間はその構造上、このＦＦＫに悩まされるのです。しかしこれは同時に人間のすばらしさでもあります。人間のみが味わうことのできる堂々たる悩みなのです。動物はこんな高度の悩みを持つことはできません。孤独に悩む犬や猫など、ついぞ見たことがありません。

何が原因でこんな悩みに悩まされるのか、その理由は一にも二にも人間であるという、そのことのみです。

さらに突っ込んだ説明ということになれば、死すべき者として生きている人間ということであり、人間は生きていることに最終的根拠を内蔵していないということです。

人間の存在はどんなに有能な人でも、決定的欠陥を有しており、その隙間に生じる隙間風、これがＦＦＫすなわち人間の不安・不満・孤独だというわけです。

人間以外の被造物は、同じようにその命の最終的根拠を持たないものですが、これに悩まされることはありません。と言うより、悩むことができないのです。このＦＦＫを痛みとして感じる能力が備わっていないのです。

このＦＦＫという、いわば体内に潜伏していたウイルスが、現代の豊かさの中で、代わりに紛らわすものがなくなり、まともに猛烈な痛みとなって、現代人を襲いつつあるのではないかと思われてなりません。

かつては貧しかったので、その貧しさがその痛みをを紛らわす役目を果たしてくれて、直接その痛みに向き合うことを避けさせてくれたのです。

そういう意味で、貧しさは一つの救いでもあったと言えるでしょう。

ひるがえって考えると、現代人はついに人間が構造的に抱えている、実に人間だけが味わうことのできる、いわばエリートの悩みに到達したと言えるのではないでしょうか。

それは人間の存在の最終的根拠を持つ者のみが癒やし得る悩みです。

ですから、それは人間の全存在をかけた祈りであり、全存在の根拠たる神を求めて叫ぶ悲鳴に他ならないのです。

(四) 現代人の宗教帰り

表面的には宗教離れと見える現象の背後に、こんな人間の深層が潜んでいることを、あのベテランのお坊さんはどうやら見抜いていたようです。

だとすれば、現代人は宗教から離れていきつつあるのではなく、逆に宗教帰りをしつつあるということになります。

神を求めて叫ぶ現代人の深層の祈りを、祈り本の型にはまった祈りに邪魔されて、もし聴き取れなくなっているとすれば、現代の宗教者は、そして宗教教団は、現代人離れ症状に陥っていると言われても仕方のないことになってしまいます。

広島と長崎の宗教者の交流を終えて、そしてあのベテラン坊さんの鋭い指摘に触発されて、つい考えさせられてしまいました。

もっともっと現代人のＦＦＫに分け入り、そのすぐそばに完全充満の神が迫っているという人間応援歌を、迫力をもって歌えるよう感性の錬磨に励まねばと。現代に生きる一宗教者として。

三十二　「飽《あく》の浦《うら》」の問題

（一）「飽の浦」

長崎湾を挟んで対岸地区に飽の浦という町があります。

この地名の由来などを語ろうというのではありません。

この地名にこじつけて、人間が飽きるとはどういうことか、できれば、飽きることのつまらなさではなく、そのすばらしさに到達できないか、探ってみたいわけであります。

先日、これから生涯を共にしようと充実の日々を送っているお二人に、不用意にも人間はすぐに飽きがくるものだと口にしてしまい、気まずい雰囲気になってしまいました。

あわてて、あなた方に限ってそんなことはないと言いつくろったのですが、だからと言って、ハネムーン的雰囲気がいつまでも続くというものでもありません。

やはり人間はマンネリに陥るのであり、飽きる者であることに変わりありません。

この怠惰なる筆者に至っては、何とも飽き飽きの憂鬱にしばしばさいなまれ、マンネリ坂を前に脱力し、けだるい日々を過ごすことしきりであります。

人生には「マンネリ坂」のみならず、「スランプ峠」「息切れ岬」など、いくつも難所があります。

私などはこれらの難所に加えて「ねじれ小路」「ぼかし沼」「先送り谷」など、自分勝手に難所を造り上げては行き詰まってばかりです。こうして人生は「うるおい欠乏砂漠」へと陥っていくのでしょうか。

そこで、筆者のみならず、他にもこんな悩みに取りつかれた方々がおられるのかもしれない、いやほとんどの人は飽きる者であると決めつけたところから、この問題に分け入ってみようと思った次第です。

そして湾を隔てた向こう岸の飽の浦にはどんなマンネリが待っているのか、少しは違った飽きが見つかるのではないのか、探ってみようと思ったわけであります。

（二）「飽かずの浦」のお友達

「小鳥さんたちのさえずりは鳴き声ですか、歌声ですか」。ある年のクリスマスの夜、とある養護施設の小さな子どもたちに質問してみました。

さすがに神に嘉《よみ》された子どもたちです。「歌声です！」と力強く答えてくれました。

養護施設の子どもたちを取り巻く事情は必ずしも親がいないということだけではないようです。

親はいるのに養育不能な状況があって、子どもの育ちに支障を来《きた》しているケースが多いという。

それなのにその施設の環境よろしく、小鳥の声を鳴き声ではなく歌声として聴き取る耳を育てつつあるというのですから、こんな喜ばしいことはありません。

もっとも大人たちも、「泣き」ではなく「鳴き」という言葉を当てて単なる悲しみの表現ではないことにうすうす気づいてはいるようですが……。

小鳥に直接聞いたわけではないのではっきりしたことは言えないのですが、小鳥たちは飽きを知らず、マンネリを克服していると考えてもいいのではないでしょうか。

それは聖書が指し示すメッセージでもあります。「空の鳥を見よ」(マタイ6・26参照)と。

司祭道を歩み続けること幾年月、一人の年配の司祭が、やはりマンネリと飽きのけだるさに悩まされることとなりました。マンネリ坂を超えるのに困難を覚えるようになったというわけです。

そこで自分の周りを見まわしてみました。マンネリに悩まされていない者はいないのかと。同僚たちを観察したのですが、どうも生き生きと新鮮に日々を送っている者に、なかなか出くわさない。

ある日一匹の犬に出会いました。そうだ、動物は飽きというものを知らないのではないか。そう思った彼は、さっそく犬を飼うことにしました。

それ以来彼は、日々のマンネリ克服の師としてペットに習う日々だというのです。年をとって物忘れが進み、家を出て忘れ物をしたことを思い出し、家にいく度引き返しても、いとしの犬君はみじんも手抜きをしません。いや尾《お》抜《ぬ》きをしません。日頃顔を合わせている主人なのに、初めて会ったかのように尻尾を振って迎えてくれます。しかも同じことを何度繰り返しても、わが主人の認知症の進行を笑うことはないですし、そのシッポ振りに揺るぎはありません。一期一会の名手と言わねばなりません。

（三）イチローの石

本場アメリカに行って野球道を極め、アメリカだけで三千本ものヒットを放って、まだ飽きない野球の名手がいます。

このイチローという選手はどんなマンネリ克服術を心得ているのでしょうか。日本においても活躍したのですから、そのヒットの数は四千本をとっくに超えています。世界一です。

よく故障もせずということもありますが、こんな気の遠くなるような数字を追いかけて、よくも飽きることがなかったということに敬意と驚嘆を覚えてしまいます。

その秘訣《ひけつ》は何なのでしょうか。

その秘訣をイチロー自身がアメリカでの三千本達成の際に受けたインタビューで述べていたと聞きました。

「私はヒット三千本を達成するために野球をやってきたのではありません。実は私の中に一つの石があって、これを磨きたくてしようがないんです」と。

この言葉は司祭叙階五十周年を迎えた一人の偉大な先輩司祭が紹介してくれたものです。

よくも飽きもせず司祭道を五十年も歩み続けてきて、その感慨を野球道の名人の言葉と重ね合わせたのでしょう。

この偉大な先輩の中にも一つの石がでんと座っていて、その石と格闘し、取っ組み合いを続け、きっとその魅力に取りつかれて飽くことを知らなかったのです。

そのことを師はイチローに重ねて、はにかむように吐露されたのだと思います。

そしてその石の正体は、イチローにとっては野球道への持って生まれた類いまれな可能性を含んだ原石でしたが、この先輩の場合はもちろん、イエス・キリストの復活の墓の前に転がっていた大きな石であることは明らかです。

自分の中に転がされたこの石と取っ組み合い、自分の中のイエス・キリストの復活に取り組むこと五十年、その飽くことなき歩みが一つの節目を迎えて、さらに輝きを増し続けています。

（四）深　耕

戦国時代のある有名な武将は人生を評して、「重き荷を負い、坂道を登るがごとし」と言いました。

その坂道はマンネリ坂と言い換えることもできるでしょう。

ちなみに筆者の人生評は、「人生とはカチカチ山を登るがごとし」とでも言えましょうか。

裏を返せば、アキアキ（飽き飽き）山を登るがごとしとなります。

おもちゃに飽き、時には学校に飽き、教会通いに飽き、スマホ（？）にも飽き、思わず「つまんない」などという言葉が、ふと口をついて出るようになります。

しかしそれは同時に、一つの価値で満ち足り得なかった人間のマンネリ打破力、どこまでも本物を求めてやまない人間の価値追求力の豊かさを表しています。動物たちのとうてい及ばない分野です。

「深耕」という言葉があります。深く耕すことです。イチローにも叙階五十周年の偉大な先輩にも深耕がありました。

この両者が耕し磨き続けた石とは復活の墓の前に転がされた石であり、それはこの両者の奥深くにまで転がり込んできていたのです。

それと知って、あるいはそれとは知らずこれに魅せられ、磨き続けた深耕はまた、まさしく信仰そのものであったと言うべきでしょう。

三十三　分からない説教の問題

（一）「分からない」への分け入り

かつて教会のミサの中で行われる説教の善し悪しは、長いか短いかという確固不動の基準に基づくものでした。それも長く感じる、短く感じる、という印象によるものではなく、単に時計的長短によるものでした。

しかし、わが小教区のある会合において、万雷とは言えないまでも拍手を伴って噴出した説教への感想は、分かるか分からないかという本来の基準に基づくものでした。

これは、聞く耳の訓練が実り始めた一つの兆候であり、画期的変化と言わねばなりません。

ただその内容は、まったく分からない説教をするものではないという戒め口調で発言されたものだと聞くに及んで、これは必ずしも

本来の基準によるものではないのではないかという、疑念が湧いてきたのでありま
す。つまり分からない説教への酷評であったわけです。

静岡の信徒ですと言って、最近始まったテレビでの話をうかがい、分かりやすくユニークな話へのお礼を言いたいと、電話をいただいて五日とたっていない時だったので、何とも不思議な気持ちに誘われたものです。

ほめ言葉にあずかり、うっとり温泉気分に浸っていたら、突然氷の池に突き落とされたようで、おかげでサウナ効果と言うべきか、否が応でも自律神経がシャンとしてきた次第であります。

さて、五十年近くも経験を積み上げてきた説教師に対して何を、というようなプライドはどうでもよいとして、説教という、日頃慣れ親しんだ行為の奥に分け入ってみたい衝動を覚えさせていただいたということでは、得難い機会を頂戴したのも事実です。

そこで、この「分からない」という言葉の深層に何が潜んでいるのか、少々分け入ってみたいと思っています。

しかもそのことを分かりやすく綴ってみたいのですが、どうなりますことやら。

(二) 子どもに分かるように

「神父さん、説教というもんはな、母親が子どもに食べ物をかみ砕いて、口移しで与えるように、分かりやすく話さないと、信者は分からんとばい！」。

これは、かつて長崎の名市長であった、当教会所属の故本島等氏の言葉です。

このみ教えに一も二もなく納得して、そのように実践すべく奮励努力すること、はや四十八年、悲しいかな能力不足は覆うべくもなく、いまだにみ教えからほど遠い状態です。

これでは普通なら辞職ものですが、なぜ辛うじて首がつながっているのかというと、一も二もなく納得してはいるのですが、三にも四にもこのアドバイスを受け入れているわけではないところが残っているせいなのです。

この点については近い将来、向こうの世界で故市長と会うことになると思いますので、その時じっくりと弁解したいと思っています。

そのために今から論点整理をしておこうと思ったわけであります。

論点の第一は、子どもの問題です。

こと、信仰の心理または宗教的神秘の把握力は大人より子どもの方がはるかに優れているということです。

なるほど、知識と体力においては子どもより大人の方が上だと言えるかもしれませんが、こと信仰のセンス、命への感度ということではとうてい及ぶものではありません。

「マリアさま、おはようございます！」。

わが家の朝は隣の保育所の子どもの、マリア像の前でのこんな元気なあいさつから始まります。

子どものこのかわいい姿を見てほほ笑ましく感じると同時に、ある大人は、外からのしつけで今はこんな祈りができているが、すぐに忘れて、マリアさまも神さまもどこ吹く風、忘却の彼方《かなた》に飛び去ってしまうと考えるかもしれません。

あるいは、自分たちにもこんな時があったことを懐かしく思い出す方もおられるかもしれません。

そして、こんな姿をかつて保っていた以上、知識や体力は身に付けたけれども、こんな純粋な信仰のセンスは、逆にその知識や体力に覆い隠されて見えなくなっているのかもしれないと、深く洞察する大人が現れるかもしれません。

さらにさかのぼって、生まれ出て何も持たず何もできず、そこに寝たきりで百万ドルの笑顔をこの世界に発信し得た子どもの頃の実力に思い至るかもしれません。そしてさらに、自らの成れの果てを先取りして、やがて訪れる、寝たきりでそこにあるだけの状態になった時、かつての実力を発揮できるか、深く洞察するかもしれません。

信仰の道を歩むということは、今もちゃんと残っているのだが、それこそ教養に邪魔されて奥にこもってしまっている自分の中の子どもを探しつつ進むということではないでしょうか。

この点は故市長も最後は子ども返りの域に近づいていたと推察されるので、何とか交渉が成立するのではないかと期待しているところです。

(三) 言い分けと聞き分け

第二の論点については少々難航することが予想されます。

それは言い分けの問題なのですが、言い訳と取られかねない問題を含んでいるからです。

説教というものは故市長が主張するように、ことを分けて分かりやすく語ることが大事です。と同時に聞く方は、これを上手に聞き分けることが重要となってきます。「羊はその声を聞き分ける」（ヨハネ10・3）とあるように、単に聞いて頭で分かるだけではなく、聞いて分け入る作業に入っていくということなのであります。どこに分け入っていくのかと言えば、それはもちろん自分の中の子どもの世界です。「神の国はこのような者（子ども）たちのものである」（マルコ10・14参照）と言われているように、そこは自分の中の神の国そのものであります。かき分けかき分け、失ってしまったかに見える自分の中の、神さまと一体であった子どもを探すのです。

㈣　気づきと目覚め

神さまの秘密のことを神秘と言います。秘密ですから分かることはできません。隠れていて見えないので分からないのではありません。あまりにも分かりやすいので分からないのです。

例えば、太陽のようなものです。太陽はあまりにもはっきりしていますが、これを直接見ることはできません。

直接見ると、こちらの目が潰れてしまいます。

太陽は直接見るのではなく、その太陽によって他のものを見るようになっているのです。

神さまの秘密である神秘もそうです。直接見ることはできませんが、神秘に照らされて他のものを見ることができるのです。

自分の目すなわち脳みそを使ってこれを探りにいくと、大抵自分の目を傷めてしまいます。あるいは教養が邪魔になって神の秘密はその姿を隠してしまうのです。

逆に自分の教養をかなぐり捨てて、膝を屈し、子ども目線に徹すれば、たっぷりと神の命を宿しているわが子の輝きに照らされて、自分の中の神の宿しどころが見えてくるにちがいありません。

分かる分からないの段階を超えた気づきと目覚めの領域です。

こんな言い訳すれすれの苦しい文をしたためていたら、タイミングよく朝日新聞が強力な言葉の援軍を送ってくれました。

「わかりやすさというのは、親切なように見えて、実は非常に不親切なことなのかもしれません」（二〇一七年五月九日付「折々のことば」）と。

なぜなら自分で気づく機会をその人から奪ってしまうからと。

茶道に秀でた方の言葉だそうですが、キリスト道においてもまさに同じことが言えるのではないでしょうか。

長い短いから、分かる分からないへ。さらにもう一歩。気づきと目覚めへのうながしへ。

三十四　一点しぼりの問題

（一）絞りと搾り

ブーンと飛んでくる蚊ではなく、福音化と言う名の「カ」が取りつくと、教会は文字どおりカトリック（カ取りつく）教会となります。

カは力（ちから）ですから、教会に福音化が取りついたら、大変な力を持つことになります。

福音化とは単純明快にイエス・キリスト一点絞りのことです。この一点絞りが不完全で、代わりにイエス・キリストへの人間による添加物で間に合わせようとすると、途端に力を失ってきます。

例えば、添加物である掟を前面に出すと、教会が取り締まり本部のようになり、内向きの囲い込みが始まります。

また、人間の添加物が相当入った教義が前面に出ると、知識偏重の活動となり、やたらと言葉飾りがなされるようになります。きれいな理念とか標語は躍るのですが、具体的実践プログラムはみごとに欠落して、重要な問題課題を素通りしてしまうようになるのです。

一点絞りの究極の取り違えが原理主義です。もともとの原理である一点に絞り込むというのですから、とても聞こえのいいことではあるのですが、その絞り込んだ原理は大抵、自分ないし自分たちだけの原理にすり替えられていくのです。

そのすり替えの何よりの証拠は、必ず排他主義が取りつくことです。その行きつく先はこの原理に従わない者を攻撃し、これが極まると、神の名によって人を殺害するに至る、まさにテロリズムそのものにつながることさえあるのです。

そんな添加物を一つ一つ取り除いて、あるいは後方支援に回して、純粋に中心に据えるべきものを据える作業こそ、今こそ求められているものなのです。

世に道と言われる分野がありますが、この道に共通していることは中心、すなわち軸をキチッと据えるということです。

キリスト道も道としての態をなすためには、キチッと純なるイエス・キリストを軸として中心に据えねばなりません。

イエス・キリストの純なる姿、それはイエスはキリストであるということ、復活者イエスから目を離さず、これを中心に据えることです。

キリスト道とは復活道と心得ること、そしてこの心得を揺るがぬものとして体現することができたら、もう一つの「搾り」、すなわち蜂の巣を搾ると蜜がしたたるように、イエス・キリストの復活の命のしたたりがすべての活動に染み渡ることになるでしょう。

まさに、「絞り」と「搾り」の共演です。

(二) 強い信仰・弱い信仰

教えに殉じて命をささげた方々を教会は殉教者と呼び、最大級の尊敬を払います。先日もかつて高槻城の城主であった高山右近という方を殉教者として福者の位に上げる列福式が行われました。

殉教者たちは強い信仰、固い信仰を持っていたと言われます。もちろんそのとおりだと思います。軟弱な信仰の持ち主が、あの世界に類例を見ないほどの迫害の嵐の中を乗り切れるわけがありません。

ただ信仰を持っているということで、命を奪われる恐れのない現代に生きている私などは、不謹慎にもその強い信仰と言われているものを、語呂合わせで恐縮ですが、信仰を深耕つまり深く耕してみたくなってきます。

今、強い信仰と言われているその内容を探ってみれば、教会通いを怠らず、ミサにあずかり、よくお祈りをするという姿が浮かんできます。

その姿は敬虔なものであり、深い祈りに沈潜して聖なる雰囲気を漂わせており、とてもすばらしいことです。このことについて何も異議を差し挟むことはありません。

問題はこの信仰という行為を強いものと弱いものに分ける作業に取りかかることがあることです。そして、あれは強い信仰、あれは弱い信仰と判別し断定し、決めつけに走ることです。

かつて一人のカトリック作家が殉教と転びをテーマとして取り上げたとき、弱さを美化し、それを正当化して、そこに居座っていると非難されました。殉教者の価値は地に落ちたと。

この作家はさらにイエス・キリストの弱さを強調し、社会から取り残された人、病人や差別された人々に寄り添い、いわゆる輝かしい奇跡などできなかったのだと、その作品の中で描いていきました。

この作家独特の文学的逆説を駆使したその作品は、文学ではなく教義でもあるかのように取り上げられ、あれは異端だなどと言う者まで現れました。

文学と宗教の教義はまったく別分野なので、これらの主張が交わるはずはないのですが、このことをきっかけとして浮かび上がってきた弱さの美化とは一体何なのでしょうか。

弱さをきれいに飾って、これにうっとりと陶酔し、これに立てこもってしまって、何らの努力もしないとなれば、これは問題です。

それでも陶酔しているまでは、人畜無害でその人だけのことにとどまるかもしれません。しかし、これに立てこもって強さを排斥し、これを非難することにでもなれば、これは人畜無害というわけにはいきません。それこそ非難されるべき弱さの美化ということになってしまいます。

では強さに立てこもって弱さの美化を非難する方には問題はないのでしょうか。自分ないし自分たちが勝手にでっち上げた基準に従って、強い信仰のイメージをつくり上げ、これにうっとりと陶酔し立てこもって弱さを攻撃することになるとすれば、これはすでに強さの美化であり、弱さの美化となんら変わらないことになってしまいます。

(三) 命の木

十字架はかつて苦しみと死の木でした。しかしいまや命の木としてよみがえったのです。

確かにエデンの園すなわち楽園は滅びたのですが、いまや苦楽園としてよみがえったのです。

かつて信心行として人気のあった十字架の道行は十四留止まりでした。しかしいまや十五留、すなわち復活の墓が加わったのです。

命の木である十字架のみが強さと弱さの美化を克服して本物の信仰を組み上げてく

れます。

右がかった強さにもしっかりと手を伸ばし、左がかった弱さとも手を組み、それでいて真ん中にわが身を置き、この両者を天にささげ、地に根付かせようという十字架。

この十字架こそ二点を一点に絞り、さらに搾りをかけて復活の命のしたたりをこの世界にもたらす命の木そのものと言えるでしょう。

(四)パライソ

キリスト道の途上には強い信仰も弱い信仰もありません。あるとすれば、それはでっち上げです。

キリスト道はキリスト道ですから、イエス・キリストの信仰があるのみです。キリスト者はその信仰にあやかるのみです。

その信仰はいわゆる強さと弱さをありのままに受け止め、これと手を結んで手当てをし、天に高め、地に根付かせます。

殉教者たちは、いまわの際に「パライソ　パライソ」と口ずさんだと言われます。パライソすなわち天国に行くとも天国が来たとも言わず、すでに天国に浸《ひた》っておられたようです。

とすればこれは、行く天、来る天の二点を一点に絞り、復活の命そのものであるパライソの搾りを成し遂げ、そのしたたりに浸った典型的姿と言えるのではないでしょうか。

だから彼らこそ、混迷の世に想定外の力を発揮した生粋《きっすい》のカトリックだったのです。

三十五　きれいごとの問題

（一）真っすぐ

かつて、一休さんという名の、とても頓知のきくお坊さんがいました。この方は室町時代に生きた名僧だったようですが、江戸時代になって「一休咄《ばなし》」という作者不明の頓知話が出て世に広まったものだとか。

こんな話があります。

ある日、道端に立っているみごとに曲がりくねった木を見つけ、一休さんはそのそばに立て札を立てました。

そしてこの立て札にこう記したのです。「この木を真っすぐに見た者に高額の賞金を与える」と。

村人たちがぞろぞろとやって来ました。そしてこんな曲がりくねった木が真っすぐなはずがないじゃないかと、盛んに首をかしげていました。

するとそこへ、かなり高齢のおばあちゃんが杖をついて通りかかりました。そして腰を伸ばし、大きな声で言いました。

「ほう！　これはよう曲がっとる！」。

「このおばあちゃんに賞金をあげる！」。

曲がった木を真っすぐに見るとは、曲がった木を曲がったものとしてみるということだというわけです。

これは単なる頓知話ですが、ふとわが身とわが周囲を見渡してみますと、必ずしもこの見分けができていないのではないかと思われてなりません。

そこで曲がったことの嫌いな読者諸氏に、真っすぐに生きていくにはどうしたらいいのか、ぜひご教示願いたいという思いでこの拙文をしたためている次第です。

それというのも、イエス・キリストへの先導者洗礼者ヨハネも真っすぐにと強調しておられるからです。

「主の道を整え、その道筋をまっすぐにせよ」（マルコ１・３）と。

また、劇的体験によってイエス・キリストへの方向転換をしたパウロも、「直線通り」

から出発したからです（使徒言行録9・11参照）。

洗礼者ヨハネは視界を妨げるもののない砂漠で磨き上げられた目が捉えた真っすぐであり、パウロも「直線通り」で目からウロコ（同9・18参照）を取り去ってもらったのです。

真っすぐは、どうやら目に起因するもののようです。

（二）きれいごと

きれいごととは文字どおりにとれば、きれいなことなのでもっと人々の高評を博してよさそうなのに、現実はそうではないようです。

「それはきれいごとにすぎない」と言われて喜ぶ人は、まず、いないのではないでしょうか。

どうやら人々はいつの間にか世のきれいなことの中にきれいではないものを嗅ぎつけてしまったようです。

逆に人々が汚いと言っているものの中に、実はそうではないものを見つけたのかもしれません。

あるいは、何がきれいであり、何がきれいでないか、明確にはつかめていないのかもしれません。だから、いわゆる「きれいごと」では済まされないと知りつつ、きれいごとに惑わされる自分にいら立っているのかもしれません。

「幽霊のような人影が行列をつくり、足を引きずりながら通り過ぎていきました。人々は異様なまでに傷を負っていました。肉と皮膚が骨から垂れ下がっていました。飛び出た眼球を手に受け止めている人もいました。おなかが裂けて開き、腸が外に垂れ下がっている人もいました」。

これは昨年、二〇一七年十二月十日、ノルウェーのオスロでのノーベル平和賞受賞式でのサーロー節子さんのスピーチの言葉です。

一九四五年八月六日、広島で被爆し、がれきの中から救い出されて目にした地獄の風景です。

「諦めるな。頑張れ。助けてやる。あの隙間から光がさすのが見えるか。あそこまでできるだけ速く這《は》って行くんだ」。

無残に倒壊し、火が迫る建物の中で意識を取り戻し、彼女はこの声を聞くのです。彼女が聞き、見いだした光はたぶん救助者の声であり、がれきの隙間からわずかに漏れていた光だったのでしょう。

しかし彼女にとって、それは天の声であり、天からの光であったにちがいありません。

その声と光の余韻の中で、彼女はきれいごとではない命の言葉を営々と育み、世界にそれを発信したのです。

ところで広島の原爆記念館の一角に原爆投下直後に撮られたきのこ雲の写真があります。たぶん今もあると思います。

その写真に撮影者の一文が記されていました。

「悔しいけれどそれはとてもきれいでした」と。

きのこ雲の写真は、それだけを見ればとてもきれいなものです。ともすれば、このきのこ雲の下に展開されているあび叫喚の地獄絵を一瞬忘れさせないとも限らないものを含んでいます。

その誘惑を感じて撮影者は、「悔しいけれど」という言葉を書き添えたのでしょう。

きれいだがきれいごとで済ませてはならない。真実のきれいな世界は別にある。いや、あってほしいと。

(三) 汚く、いやらしい

もっとも輝かしくきれいなものを、逆に、汚く、いやらしくしてしまった世界を立て直そうとしている方々がいます。

過ぎた二〇一七年、大相撲界にかなりの揺れが起こりました。この揺れの奥に、相撲は単なるスポーツか、それとも神事であるかというテーマが潜んでいたことはご承知のとおりです。

神の前のありのままの姿を裸と言いますが、まさにその姿で取っ組み合い、人間の力の限りの交流をささげ、自然と一体となって豊穣を祈る。相撲はまさしく神事です。かつて古代ギリシャで始まったスポーツの祭典オリンピック。その時のアスリートたちは一糸まとわぬ姿で技を競い合ったのだそうです。

なぜかと言えば、神事だったからです。人間の力の限りの技の披露は互いの優劣を競うものだけではなく、神への奉献だったのです。

ところで、古代オリンピックは女人禁制であり、相撲界も土俵上には女性を上げてはならないという。

これは女性蔑視、セクハラ的行動なのでしょうか。

勝手な私見で恐縮ですが、これは蔑視とは逆で、異次元の女性崇敬から来ているという気がしてなりません。

それは、女性がそのまま、神を宿す人間の命を受け止める宮殿だからです。

子宮すなわち命を宿す宮殿を持つ者、これが女性であり、神を宿す神輿《みこし》であり巫女《みこ》だからです。

裸は創世記（2・25参照）が記すように、男性であれ女性であれ、神の前のそのままありのままの最も崇高にして尊厳ある姿です。

ただし女性の場合、これは異次元の神の宿しを実現しているので、あまりにも輝かしく、これとまともに向かい合うと目の方が逆に潰れてしまいます。

真っすぐに見ることのできない目に問題があるのであって、対象に問題があるのではないのです。

（四）十字架へ、福音化へ

太陽はあまりにも輝かしいので、直接これを見ることはできません。神の命をまともに宿すものを、失楽園した人間は直接見る実力を、まだ手にしてはいないようです。

スポーツ界はわずかに努力はしているようですが、キリスト教界はいやらしい汚いという単なる目の欠陥を強調して安全策に走りました。

それはそれで無理からぬところもあるのですが、それだけでは肝心の福音化力を失わせてしまいかねません。

なぜなら、真のきれいごと、すなわち神の命を最も輝かしく宿している十字架上の素っ裸の凄味《すごみ》を、味わえなくしてしまわないとも限らないからです。

一休さんの木、十字架の木、真っすぐ力の錬磨を！

あとがき

これらの拙文は、聖母の騎士女子修道会が発行している季関誌「愛」一九二号から二三六号に連載されたものを選別し、まとめたものです。

期間は二〇〇七年から約十年余に及びます。ですから、話題としては少し古びたものも含まれています。

ただ、十年一昔、少なくとも著者にとっては、振り返りの糧となったのも事実です。司祭叙階の恵みを拝受して五十年、とくに直近の十年はめまぐるしく変わる世相の中で、キリスト道の真価が容赦なく問われた時期ではないかと思います。

ことに世界同時多発的に噴出している聖職者によるセクハラ問題など、もはや小手先では繕うことのできない地殻変動的対応を迫られているようにも思われます。

小さな歩みの途上で発した小さき者の問いかけに一瞥でもいただければ無上の光栄です。

こころよく出版をお引き受けくださったサンパウロに心より感謝申し上げます。

その他、ここに至るまでさまざまな形で関わってくださった方々に深謝いたします。
読者諸氏の足下にて同伴できればとの願いを込めて……。

二〇一九年二月五日　日本二十六聖人殉教者の祝日に

著者

※本文中の聖書の語句は、フランシスコ会聖書研究所 訳注『聖書　原文校訂による口語訳』と『新共同訳　聖書』から引用したものです。

著者略歴

橋本　勲（はしもと　いさお）使徒ヨハネ

1942年　平戸市紐差に生まれる。
　　　　長崎大司教区司祭
1961年4月　福岡サン・スルピス大神学院入学
1969年3月　司祭叙階
1969年4月　出津教会助任司祭
1971年4月　飽ノ浦教会助任司祭
1971年5月　青年連絡協議会指導司祭
1985年3月　木鉢教会主任司祭
1989年4月　要理教育研究所所長
1997年3月　司牧企画室室長
2001年4月　教区本部事務局長
2003年12月15日　司教総代理
2015年4月　カトリック中町教会主任司祭

著書

『どこに過越しの用意を』（中央出版社・現サンパウロ）、『こんな小径も』（聖母の騎士社）、『こんな小道も A年』、『こんな小道も B年』、『こんな小道も C年』、『前へ――あるキリスト道 巡礼記』（サンパウロ）。

人生《じんせい》いろいろ　問題《もんだい》いろいろ

著　者 —— 橋本　勲

発行所 —— サンパウロ

〒160-0004　東京都新宿区四谷 1 - 13　カタオカビル 3階
宣教推進部（版元）　Tel.（03）3359 - 0451　Fax.（03）3351 - 9534
宣教企画編集部（編集）　Tel.（03）3357 - 6498　Fax.（03）3357 - 6408

印刷所 —— 日本ハイコム ㈱

2019 年 3 月 19 日　初版発行

ISBN9784 - 8056 - 3914 - 6 C0016（日キ販）